家族関係・
集団・地域社会

野島一彦・岡村達也 監修

Certified Public Psychologist
公認心理師
実践ガイダンス
3

木立の文庫

監修者まえがき

野島一彦・岡村達也

　2018年4月に公認心理師法第7条（受験資格）第1号に基づく公認心理師の養成がスタートした。また同じく9月には、公認心理師法附則第2条（受験資格の特例）に基づく経過措置による公認心理師の本試験、同12月には（北海道胆振東部地震の影響による）追加試験が実施され、28,574名が合格した。2018年は公認心理師の"現実化"元年と言ってもよかろう。

　ここに言う"現実化"とは、公的存在としての心理専門職の創出とその基盤となる法、公認心理師法〔2015年9月9日成立／16日公布／2017年9月15日施行〕の"実現"に続く段階として、その実体を確実に創出する道筋のことである。すなわち、「養成の充実」と「有為な公認心理師の輩出」、「職能団体の成熟」と「公認心理師の終わることのない技能の維持向上」を担保する道筋のことである。

　公認心理師の養成に向けて、公認心理師カリキュラム等検討会『報告書』〔2017年5月31日〕は、公認心理師のカリキュラム等に関する基本的な考え方、それを踏まえたカリキュラムの到達目標、大学及び大学院における必要な科目の考え方、大学及び大学院における必要な科目等について取りまとめている。

　それによれば、大学における必要な科目は25科目（心理学基礎科目：6科目、心理学発展科目：17科目、実習演習科目：2科目）、大学院における必要な科目は10科目（心理実践科目：9科目、実習科目：1科目）である。

そして、大学院における必要な科目のうち心理実践科目の九つは、「保健医療」「福祉」「教育」「司法・犯罪」「産業・労働」という"五つの分野"に関する理論と支援の展開と、「心理的アセスメント」「心理支援」「家族関係・集団・地域社会における心理支援」「心の健康教育」という"四つの業務"（公認心理師法第2条（定義））に関する理論と実践とから成る。

　ここに公刊される《公認心理師 実践ガイダンス》全四巻は、大学院における必要な心理実践科目の"四つの業務"に関する理論と実践について、それぞれひとつの巻を充てている。

　これら四巻のうち前三巻『1. 心理的アセスメント』『2. 心理支援』『3. 家族関係・集団・地域社会』は、臨床心理士の専門業務のうち「臨床心理査定」「臨床心理面接」「臨床心理的地域援助」にほぼ対応するが、四巻目『4. 心の健康教育』は、臨床心理士の専門業務としては明示されていない。公認心理師の"四つの業務"のひとつとしてこれが位置づけられたことは、大きな特徴であり意義がある。

　つまり、従来の臨床心理士の業務は「不適応の状態から適応の状態への回復」を主におこなうといったニュアンスが強いのに対して、公認心理師では、それとともに、「不適応の状態を生まない予防」も業務であることが強調されているのである。まさに、法の趣旨を反映するものである（公認心理師法第1条（目的）——この法律は、公認心理師の資格を定めて、その業務の適正を図り、もって国民の心の健康の保持増進に寄与することを目的とする）。

　また、臨床心理士養成では、業務についての大まかな方向性の提示はおこなわれているが、公認心理師養成ではさらに進んで、細かく丁寧にその内容が提示されている。

この《公認心理師 実践ガイダンス》（全四巻）では、公認心理師カリキュラム等検討会『報告書』に準拠し、細かく丁寧に業務の方向性と内容を検討し、"四つの業務"について学べるようになっている。各巻の編者は、ベテランというより、これからのわが国の公認心理師の"四つの業務"をさらに充実・拡大していくことが期待される気鋭の中堅である。読者には、これら編者ならびに執筆者とともに、あすの公認心理師の現実化へと歩を進められることを心から願っている。

目　次

監修者まえがき ·· 001

序　論 ··· 009

（理論篇）

第1章　公認心理師が「家族関係」にかかわるために ············· 017

第2章　公認心理師が「集団」にかかわるために ··················· 039

第3章　公認心理師が「地域社会」にかかわるために ············· 057

（実践篇）

第1章　家族療法 ·· 079

　カップルセラピー（福祉分野） ················ 080

　ソリューションとナラティヴ（教育分野） ················ 086

　非行臨床における家庭の問題（司法・犯罪分野） ················ 091

第2章 グループ・アプローチ 097

精神科デイケア（保健医療分野）................098

被害者支援グループ（司法・犯罪分野）................ 103

復職支援グループ（産業・労働分野）................ 108

エンカウンター・グループ（地域社会）................ 112

第3章 コミュニティ・アプローチ 117

児童養護施設における取り組み（福祉分野）................ 118

コミュニティとしての学校（教育分野）................ 124

学校における緊急支援の実際（教育分野）................ 128

被災地での支援活動（地域社会）................ 132

編者あとがき 139

索 引 141

凡 例
- 本書に収められている事例はすべて、現実のケースをもとに、個人が特定できないよう十全に修正・省略などを施したものである。
- 本文中、行間のレファレンス記号・番号は、当該事項が他巻で触れられている箇所を記しており、全巻を横断しての参照に資することを期して振られている。
  例）▶2−135　は「2 心理支援」の巻の135頁に言及があることを示す。

公認心理師 実践ガイダンス 3

家族関係・集団・地域社会

布柴靖枝・板東充彦 編著

assistant planner
Kumi MIYAKE

associate editor
Akiko KOBAYASHI

序　論

布柴靖枝・板東充彦

　私たちは、多くの人々との相互関係のなかに暮らし、そのなかで発達・成長を遂げている。人間関係は、ときに人を死に追いやるほどの苦渋をもたらすこともあるが、一方で、私たちは人間関係のなかで救われ、育まれ、安心感や喜びを体験している。いずれにせよ、私たちは人間関係なしには生きていくことはできないと言って過言ではない。

　特にそれぞれが帰属する家族、さまざまな集団、そして地域社会（コミュニティ）の人間関係は、私たちの健やかな成長と暮らしを支えていくうえで最も重要な役割を果たしている。そして、個人の内的世界は、これらの家族や、集団、地域の人々との相互関係から大きな影響を受けて形成されていることを忘れてはならない。

　たとえば、子どもの問題行動や症状が、家族関係という視点からみると、両親の夫婦間葛藤の三角関係に巻き込まれて生じているというケースも少なくない。暴力的な問題児とみなされていた子どもが、その家族に目を向けると、家族のなかでは実は、DV被害者の母親をけなげに支える親役割代行を果たしていたということもある。他の例では、学校集団で問題児とされていた子どもが、地域社会という視点からみると実は、地域のスケープゴートという被害者体験をしていたという場合もある。

　このように、個人の問題行動や症状が生じる背景を、個人が帰属しているラージャー・システムとなる家族、学校・職場などの集団、地

域社会の人間関係から理解し、支援することも重要である。

　今後、不登校、ひきこもり、家庭内暴力、児童虐待、DV、認知症の介護、高齢者虐待などの問題は増え続けることが予想され、心理職への社会的要請も高まってきている。相対的貧困率の高いわが国では、ますます、社会的脆弱性をかかえるひとり親世帯（特に母子家庭）、障害をもつ人々、高齢者、LGBTなどのへの多様なニーズとその支援が求められてくるであろう。

　これらの問題の支援には、家族、集団、そして地域社会への支援が欠かせない。個を見立て支援する個人カウンセリングの視点と、家族、集団、地域社会におけるシステム（人間関係）を見立てて適切な支援や介入ができる心理職が求められる時代に入った、と言って過言ではない。心の専門家として、クライエントが生きている、あるいは生きようとする家族、集団、そして地域社会をいかに理解し、健やかな発達・成長、そして安心感のある暮らしを支える場としての機能を促進する支援ができるのか。これらの問いとニーズは、今後、公認心理師に求められる重要な仕事の柱のひとつとなっていくであろう。

　しかしながら、これらの教育が心理職のなかで十分に従来なされてきたか、という点に関しては疑問を持たざるを得ない。公認心理師養成大学院においては「家族・集団・地域社会における心理支援に関する理論と実践」の科目で扱われるが、実践力を身につけるには到底、足りていないのが現状である。

　そこで本書では、大学院の"公認心理師"カリキュラムで求められている〈家族関係〉・〈集団〉・〈地域社会〉に目を向けた支援のあり方を、【理論篇】と【実践篇】の二部構成で編集した。

【理論篇】では、第1章〈家族関係〉を北島歩美先生に、第2章〈集団〉を藤信子先生にご執筆いただいた。また、第3章〈地域社会〉は編者でもある板東が担当した。それぞれの章で、根幹となる基本的理論と実践の在り方を網羅した。

また【実践篇】では、保健医療・福祉・教育・司法犯罪・産業・地域社会の分野から11の事例を、第一線で実践してこられた先生方にご執筆をお願いした。いずれも架空事例であるが、豊富な臨床経験をベースにご執筆いただいたもので、限りなくリアリティのある事例として、重要な視点とエッセンスが含まれたものになっている。"公認心理師"が携わる分野のなかで、すぐに遭遇しそうな事例を想定し、多様な現場の実践例を取り上げてみた。

設問形式にしたので、是非ともその解説を読む前に読者の方も一緒に考えてみていただきたい。時間をかけてじっくりと事例を味わい、現場に立つ公認心理師の姿をよくイメージアップしてほしい。そのうえで、事例をもとにしたグループ・ディスカッションをおこなうと、よりいっそう学びが深まるだろう。特に、たとえばエンカウンター・グループの事例では、ファシリテーター2人、メンバー7人の合計9人でロールプレイをすると、生き生きとした体験となるであろう。

ただ、〈家族関係〉〈集団〉〈地域社会〉に関わる支援技法を網羅するには、一冊の書籍では不十分である。本書は"公認心理師"が現場に関わる際の現実的な感覚を養い、支援を展開する際のキー・ポイントを把握するためのものである。授業を担当する教員には、本書で触れられなかった諸点に独自の視点と経験を加え、さらなる学びにつなげていただけると幸いである。

【実践篇】第1章の「家族」との関わりでは、カップルセラピー、教育臨床、非行臨床の事例をとりあげた。いずれも家族療法のシステムズ・

アプローチを基本にした支援事例である。カップルセラピーでは、個人の内的世界とカップルの関係性の理解と支援に役立つ家族療法の多世代学派がよく用いるジェノグラムを用いた事例を提示した。また、教育臨床事例では、ソリューション・フォーカストとナラティブアプローチを用いた事例を、そして、非行臨床では、来談の動機づけが低いクライエントとの関係の構築方法や、家族コミュニケーションの悪循環にアプローチする家族療法の王道の事例を紹介している。

第2章の「集団」との関わりでは、精神科デイケア、被害者支援グループ、復職支援グループ、エンカウンター・グループの事例をとりあげた。各分野における重要テーマを選定したが、本書では、少人数で構成される力動的小集団精神療法の事例を詳しく扱うことができなかった。ただし、これに関してはすでに良書が多く出版されているので、【理論篇】第2章を参照しながら学びを深めてほしい。

第3章の「地域社会」との関わりでは、児童養護施設、学校コミュニティにおける連携、緊急支援、被災地支援の事例をとりあげた。個人のパーソナリティと同様に、コミュニティの種類や個性も幅広く、私たちが接するのはそのうちのごく一部に過ぎない。本書では、"公認心理師"として日常的に経験しやすい現場から、緊急時の対応に備えて知っておくべき現場の事例を検討する。コミュニティの奥行きと幅広さの一端を、ぜひ体感してほしい。

本書が"公認心理師"の専門性の基礎をつくり、社会的な貢献が十分になしうる"公認心理師"養成の一助となることを心から願っている。

第 **1** 章

公認心理師が
「家族関係」にかかわるために

北島歩美

1. 家族心理学・家族療法とは

今日、虐待、離婚・再婚、ひきこもり、青年期の自立の問題、介護の問題など家族をめぐるテーマは多様かつ複雑である。そのような時代でも、人は家族を持ちたいと感じ、壊れかけた家族関係を修復するためにセラピストのもとに相談に訪れる。家族が個人の幸福 (well-being) に深くかかわっている証拠といえる。

▶1-44/2-36
臨床心理学では、問題は主に葛藤、不安、認知などの個人の心理内にあると捉えられてきた。「原因は個人にある」という考え方である。

▶1-44
しかし1960年代、サイバネティクス、一般システム理論など新しい理論的な枠組の登場により、心理的問題をコミュニケーションや人間関係のなかで捉える試みが始まった。「問題は関係性にある」という立場である。なかでも家族は、人の誕生から死に至るまで関わり、重要な位置を占める。そこで本章では、家族関係を捉えるための基本的概念、家族療法の歴史、家族関係のアセスメント、家族への介入方法を概観する。

2. 家族関係を捉えるための基礎概念

関係性を捉えるためには、個人療法とは異なる理論的枠組が必要である。ここでは、基本的概念として家族システム理論とコミュニケーション理論について取り上げる。

(1)家族システム理論

家族システム理論では、家族を「単なる個人の寄せ集めではなく、相互に影響しあっている個人で構成されているシステム」として捉え、個人の病理は家族関係の歪みが反映されたものと考える。そのため、

問題を呈した人をIP（identified patientの略、直訳すれば「患者と同定された者」）と呼び、たまたまその人（多くは最も弱い立場である子ども）が、家族の問題を表現していると捉える。以下、家族システムの特徴をあげる。

［開放システム］　コンピューターや密閉容器はシステム内のみで情報が循環する閉鎖システムである。一方、家族システムは、生物体システムに属し、環境との間で、エネルギー、物質、情報を交換する開放システムに分類される。

［システムの全体性と非総和性］　家族メンバーはそれぞれに影響を及ぼし合っており、一人が変化するとその影響は家族全体に及ぶ。この特徴をシステムの全体性という。また、家族は単なる個人の足し算では説明できないという非総和性の特徴をもつ。夫婦とも自己主張が強い場合、個人としては有能であっても家族としては物事が決まらないという機能不全に陥ることもある。

［システムの階層性］　あるレベルのシステムは、より上位のシステム（スプラシステム）に包含され、影響を受けている。同時に、より小さな単位（サブシステム）に分けることができる。システムは入れ子のように階層性を成している。家族は、夫婦サブシステム、親子サブシステム、同胞サブシステム（きょうだい）などのサブシステムによって構成され、また、同時に、町内会、地域などのスプラシステムに従属している【図1】。

▶1-51
［境界］　システム間でどのような情報がどのように交換されているかを示す抽象概念を境界 (boundary) と呼ぶ。どこまでが家族なのかという家族内と家族外を区切る境界、また、家族内では夫婦、親子などサブシステムを区切る境界がある【図1】。

［円環的因果律］　家族システムは、直線的因果律よりも円環的因果律を用いて説明される。私たちは、一般的に「原因が結果に一方向的

に作用する」という因果律（直線的因果律）に馴染んでいる。対して、円環的因果律では、結果と考えられた事象が、原因と考えられた事象に影響を与えると捉える。息子が黙る、父親が怒鳴る、さらに父親の怒りが原因となって息子はさらにかたくなに沈黙する、などが該当する。円環的因果律では、どちらが悪いという犯人捜しは無意味となる【図2】。

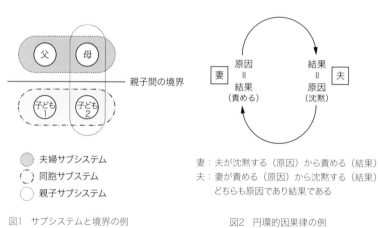

図1　サブシステムと境界の例　　　図2　円環的因果律の例

[形態維持と形態発生]　家族には、常に家族外から情報・刺激が出入りしている。外部からの刺激に対して、あまりに敏感に反応してしまうと家族の安定性は脅かされる。そのため、家族は変化を最小限にとどめ、システムを一定状態に保つ機能を備えている。このことを形態維持 (morphostasis) あるいは第一次変化と呼ぶ。しかし、一定以上の負荷がかかり続けると、家族システムは構造的変化を余儀なくされる。この過程を形態発生 (morphogenesis) あるいは第二次変化と呼び、変化の最中、家族は不安定となる。

　例えば、母親の就労に伴い、新しい家電製品を購入することは、母親の家族内役割は変化しないため形態維持といえる。さらに母親が多忙となると、「それまで仕事中心だった父親が家族に関わらざ

を得なくなり、父親が家事育児の主導権を握る」「経済力をもった母親の発言権が強くなる」などの変化が予測できる。家族役割、ルールまで変化が及ぶため、形態発生と言える。形態発生は、ライフサイクルの移行期、病気、事故、死などの大きな出来事、治療的介入によって生じる。

(2)コミュニケーション理論

[ダブルバインドセオリー]　ベイトソン〔Bateson, G., 1972〕は、逃げられない関係のなかで、異なるコミュニケーションレベルにおける矛盾したメッセージが繰り返される状況は精神病理を引き起こすとし、この状態をダブルバインドと命名した。ダブルバインドでは、言語的なレベルのメッセージ（愛しているよ、こちらにおいで）と矛盾する非言語的なメッセージ（迷惑そうな表情、拒否的な声音）が同時に送られることを指す。受け手の方はどちらのメッセージに従っても非難され、混乱や無力感に繋がる。個人の病理を、関係に起因するものとして捉えた点で認識論的転換であり、のちの家族療法の理論的発展に大きな影響を与えた。

[コミュニケーションの暫定的公理]　MRI〔後述〕のワツラウィックら〔Watzlawick, P., et al., 1967〕は、人間のコミュニケーションの特徴を整理し、五つの「コミュニケーションの暫定的公理」を提示した。

【第一公理】「人はコミュニケーションしないことは不可能である」。二人以上の人がいる場では言葉を発していなくても全てコミュニケーションとなる。例えば、部屋の中に引きこもって誰とも話をしない青年は、強い拒否を家族に発信していることとなる。

【第二公理】「コミュニケーションには『情報』と『その情報に関する情報』が含まれる」。情報とは、主に内容レベルを指す。情報に関する情報とは、伝達者同士がどのような関係であるかを明確にする命令 (command) の側面をもっており、メタコミュニケーションと呼ば

れる。例えば、「泣く」という行為は、慰めや解決を要求する場合もあるが、相手をコントロールする側面もあり、関係性によって伝わり方は変化する。

【第三公理】「人間関係はコミュニケーションの連鎖のパンクチュエーション（punctuation: 句読点、区切り）によって規定される」。コミュニケーション連鎖のどこにパンクチュエーションを入れるかによって、見え方が変化する。帰りが遅い夫に対して妻は「家族よりも仕事が大事なのか」と非難する、一方、夫は「妻が非難するので家に帰りたくない」という。妻の愚痴⇔夫の深夜帰宅、という循環が生じているのだが、お互いに相手が原因で自分は結果であるとパンクチュエーションを入れているため、葛藤が生じる。

【第四公理】「コミュニケーションにはデジタルモードとアナログモードがある」。デジタルモードとは、主に言語や文章によって表現され、内容を指す。アナログモードとは、非言語的なジェスチャー、音声、表情などを通じて表現される部分であり、情緒的な側面が多く含まれる。デジタルとアナログの情報が矛盾している場合、ダブルバインド状況に陥り、情緒的混乱を引き起こす。例えば、抱っこを求めてきた子どもに対して、言語レベルでは『おいで』と言いつつも、非言語レベルでは母親の体も表情もこわばっている場合があげられる。

【第五公理】「全てのコミュニケーションの交流は、対称的か相補的かのいずれかである」。対称的コミュニケーションとは、「怒り」に対して「怒り」、「競争」に対して「競争」というようにお互いが同じ形態のコミュニケーションをとることを指す。そのため喧嘩、言い合いなどのエスカレーションにつながる。相補的コミュニケーションとは、お互いに補完するようなパターンをとる。例えば、「怒り」に対して「謝罪」、「暴力」に対して「忍耐」などが相当する。行き過ぎると役割の固定化を招き、関係性に緊張が生じる。どちら

か一方のパターンのみでは関係は破綻するため、安定した関係を維持するためには、二つのコミュニケーションパターンがバランスよく連鎖していくことが重要と言える。

3. 家族療法の歴史 ——個人から関係性へ

(1)家族療法の始まり

1958年、精神分析の流れをくむアッカーマン〔Ackerman, N.W.〕は、「全体としての家族 (family as a whole)」を提唱し、個人の精神疾患に人間的環境、すなわち家族環境が大きく影響していると指摘した。ほぼ同時期に、それまで内因性と捉えられてきた統合失調症に関する家族研究も着手された。リッツ〔Lidz, T〕の「分裂」と「歪み」、ウィン〔Wynne, L.G.〕の「偽相互性」、ベイトソンの「ダブルバインド」など、関係性と精神病理の関連性についての知見が積みあげられた時代である。

(2)家族関係に関する基礎的モデルの構築

ベルタランフィ〔Bertalanffy, L. von.〕の「一般システム理論」、ウィナー〔Wiener, N.〕の「サイバネティクス」、ミラー〔Miller, J.〕の「一般生物体システム理論」に影響を受けて、1970年代、関係性を扱う基礎的概念が構築された。

ボーエン〔Bowen, M.〕、ボスゾルメニィ-ナージ〔Boszormeyni-Nagy, 1973〕は、家族を歴史的文脈の一部として捉える「多世代家族療法」を提唱した。ボーエンは、情緒的な問題と自己分化〔後述〕が関係していると説いた。自己分化は、世代を超えて伝達されるため（「多世代伝達過程」）、単世代だけではなく三世代前までさかのぼって家族を捉えることの重要性を指摘した。「文脈療法」の創始者であるボスゾルメニィ-ナージは、家族をつないでいる見えない期待の糸を忠誠心と呼んだ。また、家族間で世話や配慮のギブアンドテイクの収支が釣り合う公

平性をメンバーが感じていることが重要であるとした。忠誠心、公平性は、世代を超えても伝達される。虐待などによってケアされなかった場合、自分は破壊的に振る舞ってもよいと感じることを破壊的権利付与と呼んだ。

　ミニューチン〔Minuchin, S., 1974〕は、ニューヨークの非行少年の臨床を通して、家族の相互作用のパターンによって家族の構造を捉える「構造的モデル」を提唱し、境界、サブシステム、パワーなどの概念を提唱した〔後述〕。

　1959年、アメリカのカルフォルニア州パロ・アルト市に設立されたMRI (Mental Research Institute) では、ベイトソンの理論をもとに、ヘイリー〔Haley, J.〕、ウィークランド〔Weakland, J.〕、ジャクソン〔Jackson, D.〕、サティア〔Satir, V.〕、ワツラウィックが中心となって、コミュニケーションに関する理論をまとめた。

　セルヴィニ-パラツォーリ〔Selvini-Palazzoli, M.〕、プラータ〔Prata, G.〕、ボスコロ〔Boscolo, L.〕、チェキン〔Cecchin, G.〕らは、イタリア、ミラノを中心に活動し、ミラノ派と呼ばれる。ベイトソンの円環的認識論を実践に落とし込むことを試みた。肯定的意味づけ、円環的質問法〔後述〕などが特徴として挙げられる。また、家族システムと治療者システムは独立したものではないとし、治療場面の人間関係全体をシステムとして取り上げた。

(3)社会構成主義の影響

　1980年代に入ると「現実は社会的過程、すなわち言語的な相互交流過程のなかに構築される」とする社会構成主義 (social constructionism) の影響を受け、家族療法は、認識論、治療論の側面で大きな転換を迎えた。アンダーソンとグーリシャン〔Anderson, H. & Goolishian, H., 1988〕は「協働的アプローチ」を提唱した。家族システムに対する一方的な評価、概念化は、治療者の理解の押しつけとなり、クライエントにとって

の新しい意味の創出を阻むこととなる。セラピストは、新しい現実を生み出すような対話を促進させる専門家であり、治療者は無知の姿勢（not-knowing）の立場を保ち、クライエントとの協働的関係を築くことの重要性を強調した。

ホワイト〔White, M.〕とエプストン〔Epston, D.〕によって創始されたナラティヴ・セラピーでは、「出来事が（過去、現在、未来の）時間軸上で連続してつなげられてプロットになったもの」を物語（ストーリー）と呼び重視した。我々は、さまざまな事象から選択的に物語に合致した情報を取捨選択している。自分は不運だというドミナント・ストーリー（支配的言説）を抱いている場合、出来事のなかから不運なものばかりを選択してしまい、ますます不運だというストーリーを強化してしまう。しかし、実際は百パーセント、不運な出来事が生じているわけではない。例外探しや問題の外在化〔後述〕を通してドミナント・ストーリーを、オルタナティブ・ストーリーへと書き換えることを目指す。

ミラノ派に影響をうけたアンデルセン〔Andersen, T., 1987〕は、内的会話と外的会話の往復プロセスをリフレクティング・プロセスと呼んだ。ワンウェイミラーの方向を切り替え、家族についてのスタッフ同士の会話を家族に見せるという試みから始まった。観察される者（家族）と観察する者（治療者）の転換は、治療構造を対等としただけでなく、「自分たちの会話についての治療者同士の会話」を家族が聞くことによって、既成の概念枠やルールの問い直しが生じ、多様性への道が開けるとした。

最後にド・シェイザー〔de Shazer, S.〕とキム・バーグ〔Berg, I.K.〕によって開発されたソリューション・フォーカスト・アプローチ（solution focused approach, 以下SFA）を挙げる。人間は健康であり有能であるという仮説に基づき、問題に焦点づける語り（problem talk）から、解決についての語り（solution talk）への移行を重視した。セラピストは、質問を通してク

ライエントが本当に望んでいること（主訴とは異なることもある）を検討し、明らかにすることが求められる。具体的なアプローチとして、ミラクル・クエスチョン、スケーリング・クエスチョンなどがあげられる〔後述〕。

(4)統合的理論モデル

　1990年代に入ると家族療法は、一部の家族療法家の実践にとどまらず、医療、教育、福祉、教育などのさまざまなところに応用されるようになり、理論的・技法的統合が進む。リバーマン〔Liberman, R.P., 2008〕の「行動療法的家族指導」、心理・社会的次元と生物学的次元を統合したマクダニエルら〔McDaniel, S.H.etal., 1990〕の「メディカル・ファミリーセラピー」、個人・対人関係・組織レベルの包括的アセスメントを導入したピンソフ〔Pinsof, W.M., 2002〕の「統合的問題中心療法」、精神力動理論、行動理論、関係性理論を統合したワクテル〔Wachtel. P.L., 1997〕、アタッチメント理論と家族療法を統合した「アタッチメント家族療法アプローチ」〔Johnson, S.M., 2004〕などがあげられる。

4. 家族のアセスメント

　家族を支援するためには、家族関係のアセスメントは必須である。ここでは、家族のアセスメントの軸をいくつか紹介する。

(1)家族構造

　アセスメントの際、サブシステムや境界など家族構造についての情報は重要である。夫婦サブシステムは、経済活動、養育などの役割遂行、情緒的親密性の維持など家族運営の中核的な機能を担っている。親子サブシステムには、親が子どものアタッチメント対象として機能すること、教育、しつけなど子どもを社会化する機能が求

められる。きょうだいから成る同胞サブシステムは、仲間集団を作ることで親子間の境界を明瞭にする役割を担っている。浮気やDVなどは、夫婦サブシステムの機能不全を示す。子どもが親の役割を担うペアレンタルチャイルド (parental child) や虐待は、親子サブシステムの機能不全を表している。

サブシステムは境界によって区切られる。「明瞭な境界」とは、お互いがそれぞれの機能を明確に理解し問題解決にむけて協力できる関係を指す。「あいまいな境界」とは、相互に影響されやすく共揺れしやすい関係である。家族全体がこの特徴を持つ場合、纏綿家族と呼ぶ。「固い境界」とは、お互いの関係は希薄でありサポートを求めない関係を指し、家族全体がこの特徴を持つ場合、遊離家族と呼ぶ。「あいまいな境界」「固い境界」は、問題解決には至りにくく，システムの機能不全を意味する。夫婦間に葛藤が存在する場合、どちらかの親が子どもを巻き込み、例えば母親＋子ども／父親というゆがんだ境界がひかれることがある。対立する二人が組んで、もう一人に対抗することを連合と呼び、子どもを介してのみ夫婦のコミュニケーションがなされる場合を迂回連合という。この場合、負荷がかかった子どもに症状が出やすい。

(2)コミュニケーションパターン

ミデルバーグ〔Middelberg, C.V., 2001〕は、夫婦間のコミュニケーションの悪循環をダンスのステップを用いて説明をしている。「衝突のダンス」は、お互いに相手を責め立て、自分こそ被害者だと主張するパターンである。「距離のダンス」は、相手に怒りを向けずに、お互いに関係から引きこもっている状態である。「追跡者／回避者のダンス」は、一方が相手を責め立て、他方が回避するというパターンである。「過剰責任・過小責任のダンス」は、アルコール依存やうつなどの機能不全を起こしている一方を、他方が世話するというパター

ンである。治療により機能不全が改善されると、それまで機能していた方の調子が悪くなるなどの共依存関係がみられる。「三角関係化のダンス」とは、子ども、浮気相手、実家などの第三者を巻き込んで夫婦関係の安定を図るパターンである。これらのパターンは、夫婦関係だけではなく、全ての関係の理解に援用できると言える。

(3)自己分化

ボーエンは、お互いの情動に強く動かされる融合状態を自己分化の概念によって説明した。自己分化とは、個人内のレベルでは、感情と理性の分化の程度を指す。自己分化度が低い場合、喚起された強い情動や不安に圧倒され、不安を解消するため他者にしがみつく行動に繋がる。関係性に巻き込まれ、自律的な動きがとれない。一方、自己分化が高い場合、情緒的な緊張下でも理性を発揮し、自らを情緒的にコントロールできる。ボーエンは自己分化度を高めることを治療の目的とした。

生まれ育った家族（源家族: family of origin）▶1-37を断絶・拒否することを情緒的遮断（emotional cut off）と呼ぶ。これは自己分化が低いことを表し、真の自律性とは区別される。また二者関係に葛藤が生じた場合、第三者を味方につけることを三角関係（triangle）と呼んだ。例えば、夫婦仲が悪い場合、子ども、浮気相手、実家、仕事などが対象となる。ボーエンは、同程度の自己分化の者同士がカップルとなると考えた。自己分化度の低い両親のもとでは子どもも自己分化度が低くなり、自己分化度は、多世代を通して伝承される。

(4)ジェノグラム

ジェノグラム（genogram）▶1-109は、多世代家族療法において積極的に用いられたアセスメントツールである。三世代以上のメンバーの年齢、性別、結婚、離婚、出生順位などを記号化して記入でき、また、関

係の近さ、葛藤、虐待などの関係性も入れることができる。世代を超えて繰り返される関係パターンを俯瞰的に捉えられ、また、命日や記念日など家族のイベントを入れられ、歴史的観点から家族を理解することが可能となる【図3】。

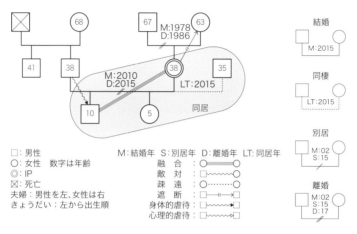

図3 ジェノグラム例

(5)家族の発達段階

個人と同様に家族にも発達段階があると言われている。ここでは、マックゴールドリックら〔McGoldrick, et al., 2011〕が提示した七段階の発達段階を紹介する【表1】。結婚、出産、自立などの家族メンバーの出入りが契機となり、発達段階の移行が開始される。移行期はシステムの質的な変化（形態発生・第二次変化）が求められるため、家族関係は不安定となるが、正常な反応とした。

家族がどの発達段階にいるのかは支援するうえで重要となる。結婚、出産、子育て期では家族の凝集性を高める支援、一方、青年期の子どもをもつ家族では、それぞれの自律性を高める支援が求められ、支援の方向性が異なるからである。現代社会では、一生独身で過ごす、子どもをもたない家族、同性婚の家族、離婚家族、再婚家

表1　家族ライフサイクル（McGoldrick,Carter,Garcia-Preto 2011より）

家族ライフサイクル段階	移行の情緒的プロセス：基礎的原理	
源家族からの巣立ち：新生の若い成人	情緒面・経済面で自己の責任を受け入れること	
結婚／結合による家族形成	新システムへの関与	
幼い子どものいる家族	システムに新しいメンバーを受け入れること	
青年期の子どもがいる家族	子どもの独立と祖父母の老いを許容するように家族境界の柔軟性を高めること	
子どもたちの巣立ちと中年期の継続	システムへの様々な出入りを受け入れること	
後期中年期の家族	世代役割の移行を受け入れること	
人生の終わりを迎える家族	限界と死の現実と人生の一つのサイクルの完結を受け入れること	

発達を促進するために求められる第二次変化
a. 源家族からの自己分化 b. 親密な仲間関係の発展 c. 職業面での自己確立と経済的自立 d. 地域とより大きな社会の中での自己確立 e. スピリチュアリティ
a. パートナーシステムの形成 b. 新たなパートナーを包含するように、拡大家族、友人、地域、社会システムとの関係を再編成する
a. 子どものためのスペースを作るようにカップルの関係を調整する b. 子育て、経済的課題、家事の協働 c. 親役割と祖父母役割を包含するように拡大家族の関係を再編成する d. 新たな家族構造と家族関係を包含するように、地域とより大きな社会システムとの関係を再編成する
a. 青年がシステムを出入りすることを許容する親子関係に移行すること b. 中年期のカップルと職業的課題への再焦点化 c. 上世代のケアに向けて移行を開始すること d. 新しい関係形成に移行している青年と親を包含するように、地域とより大きな社会システムとの関係の再編成
a. 二者関係としてのカップルシステムの再交渉 b. 両親と成人した子どもとの間で大人対大人の関係の発展 c. 姻戚と孫を包含するように関係を再編成すること d. 家族関係の新しい構造と布置を包含するように、地域とより大きな社会システムとの関係を再編成する e. 子育ての責任から解放されたことによる新たな興味／キャリアの探索 f. 両親(祖父母)のケア、障害、死への対応
a. 身体的衰えに直面しつつ自分自身および／あるいはカップルの機能と関心の維持：新たな家族役割、社会的役割の選択肢の探索 b. 中年世代がより中心的役割を担えるようサポートすること c. 地域とより大きな社会システムとの関係を再編成して、この段階における家族関係のパターンの変化を認めること d. システム内に年長者の知恵と経験を活かすような場を作ること e. 老年世代に対して過剰に機能することなくサポートすること
a. 配偶者、同胞、他の仲間の喪失への対応 b. 死と受け継ぐものへの準備 c. 中年世代と老年世代間の役割交代に対処すること d. より大きな地域と社会システムとの関係を再編成して、変化するライフサイクル上の関係を認めること

族（step family）など多様な家族の形態が存在するため、支援者はそれぞれの家族のあり方に合わせた対応が求められる。

5. 家族療法の介入技法

　家族療法では、家族を一堂に集め、家族合同面接が積極的におこなわれる。個人面接では捉えきれない相互作用をその場でみることができる点が利点と言える。しかし、複数の関係性を同時に扱う家族合同面接は、個人面接になじんだセラピストにとっては複雑に感じられる。ここでは、関係性を扱うための技術と工夫を紹介する。

(1) 関係づくりのために（ジョイニング、多方向への肩入れ）

　ジョイニング（joining）〔Minuchin, S., 1974〕とは、セラピストが家族システム内の成員の仲間入りをし、関係する過程をさす。家族のメンバーでないセラピストが家族に受け入れてもらう（join）ことによって初めて、その後の介入が可能となる。家族合同面接をおこなう場合、セラピストは、家族の葛藤に巻き込まれないために中立性を保つことが求められる。多方向への肩入れとは、ボスゾルメニィ・ナージの概念である。家族メンバーそれぞれから距離をとるのではなく、それぞれに共感的に平等に肩入れすることによって中立性を維持する方法である。行動の背景には、そうせざるを得なかったというその人なりの理由があるはずである。防衛されていない気持ちを家族の前で非難されずに語れる安全な場を構築することが、セラピストの役割と言えよう。多方向の肩入れによって、公平性を維持しつつジョイニングの達成が可能となる。

(2) 家族を肯定する（リフレーミング、肯定的意味づけ、コンプリメント）

　リフレーミング（reframing）とは、ワツラウィック、ヘイリーによっ

て提唱された技法である。我々は現実を捉える際にある種のフレーム（評価の仕方、理解の文脈）を用いている。それをより肯定的に意味づけしなおすことをリフレーミングと呼ぶ。例えば、残業の多い父親は、母親からみると「家族を思いやらない自分勝手な人」であるが、別の角度から見ると「家族の経済面を一人で支えている健気な人物」である。引きこもっている青年は、「家で一人孤独に過ごす母親を思いやっている」かもしれない。これらの新しいフレームを家族に投げかけることによって、硬直化した関係性の捉え方に一石を投じ、関係性を変化させる機会を提供する。肯定的意味づけとは、ミラノ派の介入技法である。症状や問題を、関係性の中で肯定的に評価しなおし、現状維持を勧めることによって、家族の治療的抵抗を少なくすることができる。SFAでは、クライエントの努力や進歩について称賛を伝えることの重要性を強調し、コンプリメントとして概念化をしている。コンプリメントとは相手の気持ちに寄り添いつつ、共感以上のメッセージ（「○○をやってみたとはすごいね」）を明確に伝えることである。

　これらは、おべっか、おだて、皮肉として家族にとられる可能性もあり、セラピストには高い共感性と的確な言語表現力が求められることになる。

(3)関係性を捉える(円環的質問法)

　円環的質問法とは、ミラノ派による家族関係性を捉えるための技法である。「問題が起こった時、誰が一番パニックになりますか」「困った時、誰に真っ先に相談しますか」などの質問によって、家族の同盟関係とコミュニケーション・パターンに関する情報を得ることができる。また、「一人暮らしをしたら親子喧嘩は少なくなったのですか」「娘とよく話すのは、母親ですか、姉ですか」など「分類と比較の質問」によって、時期の比較、対象の比較などが可能となる。

家族の一人に他のメンバーの関係について質問をする「家族の面前での噂話」は、関係性に注意を向け新しい発見に繋げることができる。例えば、娘と母親が言い合いしている場で父親に対して「母娘の関係をどのように捉えているか」と問う、妻の前で夫に対して「妻の考えていること」を聞く、などがあげられる。治療者の投げかける質問は、家族にとっては「差異の知らせ」であり、家族が答えることによって家族の認識に変化が生じると考えられている。

(4)変化を促す(例外探し、問題の外在化、ミラクル・クエスチョン)
▶2–53,69,70

社会構成主義では、セラピストとの会話によって現実が構築されるという立場をとるため、質問自体が介入となる。ナラティヴ・アプローチでは、自分はだめだという▶1–66ドミナント・ストーリーを持っているクライエントに対して、誰かに褒められたエピソードを探す例外探し、問題にニックネームをつけ、問題が人に所属するのではなく外側にあるものとする問題の外在化を通して、ドミナント・ス▶1–66トーリーを、オルタナティブ・ストーリーへと書き換えることを目指す〔Morgan, 2000〕。

SFAでは、「もし問題がなかったら今はどうしていましたか」など、例外さがしの質問 (exception-finding questions) や、「もし奇跡が起きて問題が全部解決したとすると、あなたはなにによって奇跡が起きたことに気がつきますか」というミラクル・クエスチョンを用いる。これらによって今体験している現実だけが現実でないこと、想像上の現実を実践的な目標に変換する助けとなると考える。そのほか、1から10までの指標を用いたスケーリング・クエスチョン、どうやってこれまでやってきたのかというコーピング・クエスチョンなどを用いて、解決に焦点づけた会話 (solution talk) をおこなうことを重視している。

実際の家族合同面接では、アセスメントするための質問自体が介入となって家族に影響を及ぼす。セラピストには、自分の言葉を自覚的に用いる力が求められることとなる。特に家族合同面接では、葛藤の最中に投げ込まれたセラピストが自らの立ち位置を見失う危険が伴う。家族に有効な支援を実現するためには、実践的かつ継続的な教育訓練が必要と言える。

文　献

Andersen,T. (eds.) (1991). *The Reflecting Team: Dialogues and dialogues about dialogues.* W.W. Norton. 鈴木浩二（監訳）(2001).『リフレクティング・プロセス――会話における会話と会話』金剛出版.

Anderson, H., Goolishian, H. (1988). Human Systems as Linguiste Systems: Preliminary and Evolving Ideas about the Implications for Clinical Theory. Family Process, 27(4): 371-393. 野村直樹（訳）(2013).『協働するナラティヴ――ハリー・グーリシャンと「無知の姿勢」』遠見書房.

Bateson, G. (1972). *Steps to An Ecology of Mind.* 佐藤良明（訳）(2000).『精神の生態学　改訂第2版』新思索社.

Boszormenyi-Nagy, I. & Spark, G.M. (1973). *Invisible Loyalties: Reciprocity in intergenerational family therapy.* Harper and Row.

De Jong, P., Berg, I.K. (2013). *Interviewing for solutions.* Cengage. 桐田弘江・玉真慎子・住谷祐子（訳）(2016).『解決のための面接技法（第4版）――ソリューションアプローチの手引き』金剛出版.

Johnson, S.M. (2004). *The practice of emotionally focused couple therapy: Creating connection (2nd ed.).* Brunner-Routage.

家族研究・家族療法学会（編）(2013).『家族療法テキストブック』金剛出版.

Kerr, M.E., Bowen, M. (1988). *Family evaluation: An approach based on Bowen Theory.* W.W. Norton. 藤縄昭・福山和女（監訳）(2001).『家族評価――ボーエンによる家族探求の旅』金剛出版.

Liberman, R.P. (2008). *Recovery from Disability-manual of psychiatric rehabilitation.* American Psychiatric Publishing. 西園昌久（総監修）・池淵恵美（監訳）・SST普及協会（訳）(2011).『精神障害と回復――リバーマンのリハビリテーション・マニュアル』星和書店.

McDaniel, S.H., Campbell, T.L., Seaburn, D.B. (1990). *Family-Oriented Primary*

Care. Springer. 松下明 (監訳) (2006).『家族志向のプライマリ・ケア』シュプリンガー.

McGoldrick, M., Cater, B., & Garcia-Preto, N. (2011). *The expanded family life cycle. Individual, family, and social perspectives.* (4th ed.) Allyn and Bacon.

McGoldrick, M., Shellenberger,S., Petry, S.S. (2008). *Genograms Assessment and Intervensiton third edition.* W.W.Norton. 渋沢田鶴子 (監訳) (2018).『ジェノグラム——家族のアセスメントと介入』金剛出版.

Middelberg, C.V. (2001). Projective identification in common couple dances. Journal of marital and family therapy, 27(3). 341–352.

Minuchin, S. (1974). *Family & Family Therapy.* Harvard University Press. 山根常男 (監訳) (1983).『家族と家族療法』誠信書房.

Morgan, A. (2000). *What is narrative therapy?: An easy-to-read introduction.* Dulwich Centre Publicaitons. 小森康永・上田牧子 (訳) (2003).『ナラティブセラピーって何?』金剛出版.

中釜洋子・野末武義・布柴靖枝・無藤清子 (2008).『家族心理学——家族システムの発達と臨床的援助』有斐閣ブックス.

Palazzoli, M.S., Boscolo, L., Cecchin, G., Prata, G. (1975). *Paradox and Counterparadox: A new Model in the Thrapy of theFamily in schizophrenic Transaction.* Giangiacomo Feltrinelli Editore. 鈴木浩二 (監訳) (2989).『逆説と対抗逆説』星和書店.

Pinsof, W.M. (2002). Integrative problem-centerd therapy. Kaslow, F.W. & Lebow. J.L. (Eds.) *Comprebensive Handbook of Psychotherapy*, vol.4. Wiley.

Prochaska, J.O., Norcross, J.C. (2007). *Systems of Psychotherapy. A transtheoretical Analysis, sixth edition.* Brooks/Cole, a Cengage Learning Company. 津田彰 山﨑久美子 (監訳) (2010).『心理療法の諸システム——多理論統合的分析 第6版』金子書房.

Watzlawick, P., Bavelas, J.B., Jackson, D.D. (1967). *Pragmatics of Human Communication.* Norton. 山本和郎 (監訳) (1998).『人間コミュニケーションの語用論 相互作用パターン——病理とパラドックスの研究』二瓶社.

Wachtel, P.L. (1997). *Psychoanalysis, Behavior, Therapy, and the Relational World.* American Psyhological Association. 杉原保史 (訳) (2002).『心理療法の統合を求めて——精神分析・行動療法・家族療法』金剛出版.

White, M. (2011). *Narrative Practice. Continuing the Conversations.* W.W. Norton. 小森康永・奥野光 (訳) (2012).『ナラティヴ・プラクティス:会話を続けよう』金剛出版.

●現場への眼差 ....

☐ 家族療法の基礎となる家族システム理論とコミュニケーション理論について説明できるでしょうか？

☐ 家族療法のモデルが構築されていく過程での概念提唱者とキーワードをまとめてみましょう。

☐ 家族療法において用いられる技法にはどのようなものがあるでしょうか？　また、家族のアセスメントの際に必要な軸は？

第 **2** 章

公認心理師が
「集団」にかかわるために

藤 信子

1. 心理的援助と集団 —— その歴史

　心理的援助に、集団（グループ）の特徴を活かしたのは、1905年に
ボストンの内科医プラット〔Platt, J.H.〕が結核患者を集めて、病気につ
いての講義をおこなったり、患者に日記をつけさせたり、療養につ
いての話し合いをさせたことに始まると言われている。当時まだ抗
生物質も発見されていなかったこの病気の患者たちの情緒を支えた
ことが回復に良い影響を与えたのである。この患者の孤立を防ぎ、
情緒を支える方法は、現在でも糖尿病教室や難病患者の会、癌患者
のサポート・グループなどの多くのグループに引き継がれていると
言える。

　集団を精神科治療に用いる手段として「集団精神療法」という使
用したのは、1925年アメリカ精神医学会において、精神医学者で社
会学者あったモレノ〔Moreno, J.L.〕である。モレノはソシオメトリーの
創始者でもあったが、ウィーンで前衛演劇運動を起こし、そこから
サイコドラマのアイデアを得たと言われる。その後アメリカ合衆国
に渡り、ニューヨークの郊外で病院を作り、入院患者にサイコドラ
マによる治療をおこなった。彼はその後世界各地を回りサイコドラ
マを広げる努力をし、後述するグループ・アナリシス創始者フーク
ス〔Foulkes, M.〕とともに、国際集団精神療法学会（現在は国際集団精神療
法集団過程学会IAGPP）を創設した〔磯田, 1995〕。

　青少年の活動集団療法を始めたスラブソン〔Slavson, S.R.〕は、媒介と
する芸術、工作、音楽などそのものより、メンバー同士のやりとり
を精神分析的に分析し、そこに治療的意義があることを見出した。
その後、成人などに治療対象を広げ、小集団による精神分析的集安
精神療法を標準化したと言われる〔西村, 2013〕。

　第二次世界大戦において、英国のノースフィールド陸軍病院では

戦争神経症の兵士の治療に、ビオン〔Bion, W.R.〕やリックマン〔Rickman, J.〕によって集団療法が試みられた。ビオンは「個人療法においては、神経症はその個人の問題としてあらわになってくる。集団の治療では、それは集団の問題として表現されざるを得ない」〔1961/1973〕と考え、訓練病棟で実験をおこなった時に、兵士たちが病棟の規則を守らない者が多いと言う不満を、ビオンやリックマンの元に訴えてきた、そこでビオンらは、その問題を兵士たちに自分たちで話し合うようにと求めた。この実験は人事異動によって中断したが、第二の実験が、フークス、ブリッジャー〔Bridger, H.〕、メイン〔Main, T.〕によっておこなわれた。

　メインについては1946年にメニンガー・クリニック紀要に「治療共同体」という用語を使い論文が書かれた。その治療共同体の特徴は次のようなものである。「①病棟を一つのコミュニティと考え、そこで起きる色々な問題行動、人間関係の問題をコミュニティで解決すべきものだとした。②いろいろな小グループ、大グループによる活動──農作業、園芸、新聞づくり、食堂の清掃等々を奨励し、患者自らが考え活動グループを作ることに重点を置いた。③メインの言う"Total Culture of Inquiry"、すなわち、全体で、なぜこのようなことが起きるかを考えようと言う文化を設定した」〔武井, 2017〕。

　ビオンは、集団の心性をクライン派の精神分析の立場から、集団はそれ自体としてGroup-as-a-whole（グループ全体）としての無意識をもち、この集団がもつ幻想を基底的想定 (basic assumption) と名づけた。そして集団はこの基底的想定集団と理性的で構成化された作業集団との間を力動的に行ったり来たりすると考えた〔磯田, 1995〕。フークスは、精神障害を多くの人々を含んだ関係の障害としてとらえて集団マトリックス (group matrix) 概念を提唱した。現実の人間関係も、対象関係論的な転移、逆転移の交流も、集団全体としても動きも、そのメイトリックスにおいて繰り広げられるとしている〔西村, 2013; 磯田,

1995)。フークスはグループ・アナリシスを創始し、集団精神療法の
セラピスト（リーダー）をコンダクターと呼んでいる。

　ジョーンズ〔Jones, M.〕は1940年代後半から十数年にわたり、ヘンダ
ーソン病院でパーソナリティ障害の患者とともに治療共同体の実践
に携わった。「コミュニティミーティング」は彼が作った用語であ
る。そこでは集団精神療法のセッションだけでなく、さまざまな社
会療法的活動を含んだ治療的環境（生活学習状況）を創り、そのよう
な環境のなかで人々が体験、学習し、変化する行動科学的な発想を
重視したと武井〔2017〕は述べている。1960年代に彼はディングルト
ン病院で統合失調症の治療にも治療共同体を応用した。この治療共
同体は、精神科医療の脱施設化を支える社会運動となった。一方ク
ラーク〔Clerk, D.〕は精神医療の枠内での治療共同体的アプローチとし
て、活動・自由・責任、そして生活しつつ学習することを柱とする
社会療法を提唱し、ケンブリッジ精神科リハビリテーションシステ
ムを作った〔武井, 2017〕。

　英国では、精神病院の脱施設化が進むにしたがって、治療共同体
はグループホームやパーソナリティ障害のレジデンシャルケアなど
での実践として、新しい動きが生まれてきている〔鈴木, 1999〕ようであ
る。日本においては1966年に、合衆国から帰国した中久喜雅文によ
り東京大学病院の精神科病棟での治療共同体的な精神療法が導入さ
れた。この時の体験を吉松和哉は、大学病院の医師のタテ関係や個
人療法の関係などと、治療共同体の平等なヨコ関係の軋轢が患者の
行動化を誘発し、治療者のアイデンティティの混乱を体験したとい
う。この時に研修医であった鈴木純一は英国に留学し、ジョーンズ
やクラークと共に働いた〔武井, 2017〕。鈴木は帰国した後、海上両療養
所に置いて治療共同体を実践した。

　第二次大戦後まもなくアメリカ合衆国では、レヴィン〔Lewin, K.〕た
ち社会心理学者によって、民主的リーダー育成のためのラボラトリ

ー・トレーニング（Tグループ）が始まった。このグループでの課題は、構造のないなかで今までと違った問題処理の考え方を身につけるようにすることだった〔Reisman, 1976〕。Tグループは、感受性訓練とも呼ばれ、企業や産業における人事問題を考えることへ応用され、社会心理学の領域で活用されている。レヴィンはマサチューセッツ工科大学にグループダイナミクス研究センターを創設した。一方英国のタビストック研究所ではビオンの理論に基づいた、臨床や訓練のほか、組織に対するコンサルテーションをおこなっており、グループとしての組織の無意識を分析することで、問題を単なる個人の問題としてではなく、仕事の性質とも関連した組織の問題として、さらには組織を取り巻く社会や制度の問題として捉えるのである。このタビストック研究所とグループダイナミクス研究センターは、1947年には共同で"Human Relations"を刊行している。

▶2-53〜63
クライエント中心療法を提唱したロジャーズ〔Rogers, C.R.〕は、1960
▶4-23
年代に体験グループをエンカウンター・グループと名づけた。このグループでは、メンバー同士が対等な関係のなかで出会うことを重視するために、セラピストはメンバーの自己理解、他者理解、自己と他者の深くて親密な体験をすることを助けるファシリテーターと呼ばれる。そして全員がファシリテーションシップを共有する〔野島, 2000〕ところにその特徴があると言えるだろう。このエンカウンター・グループは、1960年代後半の精神医療の脱施設化とそれにともない成立したコミュニティ心理学などの、旧来の治療の考え方が揺さぶられた時期に、人間性回復運動として、アメリカ合衆国や他の国に広まっていった〔Reisman, 1976〕。日本では1970年にロジャーズのもとで学んできた畠瀬稔がエンカウンター・グループ・ワークショップを実施して以来、人間関係研究会を中心に積極的にエンカウンター・グループのプログラムを提供している〔村山, 1977〕。
▶1-26,95
対人関係論に基づき、here and now（今、ここで）の視点を強調す

る集団精神療法を発展させたヤーロム〔Yalom, I.D.〕は、統計的手法を用いて治療グループの研究をおこなった。そこでグループに生じる治療的体験を11の療法的因子として抽出した。この療法的因子は、対人関係学派だけでなく、集団精神療法独自の成果を挙げたものとして、集団精神療法家の共通言語となっている〔西村, 2013〕。

　グループ・アナリストであるアガザリアン〔Agazarian, Y.〕は、システ ▶1-44
ム理論に基づき、グループ内の行動について、グループ全体 (group-as-a-whole)・グループ役割、グループのなかの個人のメンバー役割 (individual-group-role)、個人 (individual person) の三つの力動的なシステムを想定し、それが異種同型体として関連しているとした〔Agazarian & Peters, 1981〕。この考え方により、グループ全体、グループ内の対人関係、そしてグループのなかの個人への介入がそれぞれ関連していることが理解される。

　これまでにも、治療共同体的な集団精神療法、エンカウンター・グループなどが、日本に導入されたことに触れてきた。Tグループは、グループ・ダイナミクス学会によって進められており、エンカウンター・グループは先に述べたように人間関係研究会を中心にワークショップが開催されている。精神医療領域における集団精神療法は、1978年に心理劇の松村康平の招きでサイコドラマのグレーテル・ロイツが来日したのを機に、当時の国立精神衛生研究所の加藤正明らによって「集団精神療法研究会」が発足し、その後1984年「日本集団精神療法学会」の第一回学術大会が開催された〔武井, 2017〕。当初は精神医療、特に精神科病院における治療の実践が報告されていた。欧米諸国の集団精神療法が、外来の神経症や高い水準のパーソナリティ障害を対象としていることと異なり、精神科病院における統合失調症などの精神病への集団精神療法が中心であったのは、日本の集団精神療法の特徴と言える。しかし最近は、医療においても精神科以外にも広がり、福祉、教育、産業などの場へと集団精神

療法が広がっている。それについては3.で述べる。

2. グループを支援に活かす──グループの機能

(1)グループを作る

　前節で述べた集団精神療法、エンカウンター・グループなどに共通していることは、人の行動の変化や成長のためにグループを作り、話し合いを促進し、そこで生じるコミュニケーションを通して自己理解などを進めることだと言える。グループサイコセラピスト〔以下、GPT〕やファシリテーターは、グループのメンバーのコミュニケーションを保証する場を作ることが第一の仕事と言えるだろう。グループを作る時に、GPTは何を考えるのか、集団精神療法を実施することを念頭に置いて考える。

　集団精神療法を始めるには、目標に合わせたメンバーの人数、どこでおこなうか（場所）、そして時間を決める必要がある。フークス〔1948〕が最初に外来のグループをおこなった時は、メンバーが6名とコンダクター（それと記録係1名）であった。言語的な交流の場合は、この7名前後のスモールグループがちょうど良い大きさだろうと思える。田辺〔2017〕は3人以上（GPT1名、メンバー2名）であれば集団精神療法は成立する、と述べている。慢性の精神病が対象の場合は、4〜5名の方が良い場合もある。治療共同体のコミュニティミーティングは、病棟や施設の患者、利用者とスタッフが集まるので、30〜40名になるだろう。それからGPT、そして必要ならコ・セラピストを決める。コ・セラピストを置くのは、一人では気がつかないグループの展開が見えることは大きいからである。セラピストを育てるためでもある。グループ終了後におこなうレヴューの時に二人であれば、補いながらプロセスを振り返ることができる。コミュニティミーティングは、病棟、施設のスタッフができるだけ参加するのが

良いだろう。

どこでおこなうかは、できるだけ話のしやすい静かな空間の部屋を用意する。コミュニティミーティングは、病棟のホールなどでおこなう。

どれくらいの時間おこなうかは、外来の神経症やパーソナリティ障害の場合は90分、病棟の精神病圏の場合は、45分から60分くらいが良いとされている。

メンバーを固定して、週一回4～6ヵ月、あるいは1年くらい継続するのがクローズド・グループという。メンバーの人数、期間も限定せずにおこない、あるメンバーが抜けると新しいメンバーを補充するグループは、オープン・グループと言う。

ここまで見てきたものが、グループの構造で、GPTはこの構造を作り守ることがまず第一の仕事だと言える。構造を作ることから考えると、グループを実施することを所属機関に説明、了承される必要がある。コ・セラピスト、場所を確保すること、メンバーを選定することなどは、機関の了解がないと難しいからである。またグループは、メンバーが安心してグループに参加して、話ができるためには、安定したものである必要がある。そのためにはグループが、その機関に支えられている必要があると言えるのである。このグループを安定して運営するために、GPTにはマネジメント能力が必要となってくるだろう。この点が臨床家にとって、個人心理（精神）療法やカウンセリングをおこなう時との違いであると言えるだろう。

(2)グループの何が効果的か

集団精神療法がどのように援助的となるのかという点で代表的な研究が、ヤーロム〔Yalom, I. D., 1995〕の「療法的因子」である【表1】。

一つひとつの因子について述べることはしないが、例えば、そこで誰かが良くなったというグループの場に入ることは、メンバーに

表1　ヤーロムの療法的因子

1. 希望をもたらすこと
2. 普遍性
3. 情報の伝達
4. 愛他主義
5. 初期家族関係の修正的な繰り返し
6. 社会適応技術(ソーシャルスキル)の発達
7. 模倣行動
8. 対人学習
9. グループの凝集性
10. カタルシス
11. 実存的因子

「自分も良くなるだろう」という希望をもたらす。メンバーとなる
人には「このようなひどい体験をしているのは自分だけだ」という
孤立感を持っている人が多い。そのような体験をしているのは、自
分一人ではなく他にもいるということを知ることで、それまで一人
で抱えてきた辛さ、思いを表現することができる場となる。また、
今まで世話される立場でしかなかったメンバーが、他のメンバーを
援助することができる、というのは大切な体験となるだろう。メン
バーは発達の比較的早い段階の家族関係において、満たされない経
験をしていることが多い。そのようなメンバーがグループのなかで
の他のメンバー、GPTとの交流のなかで、今までできなかった感情
体験を繰り返し試みることができるのである。メンバーは他のメン
バー、そしてGPTの行動を模倣することができる。グループがメン
バーを引きつける力は、グループを実施する場合、大事な因子であ
る。11の因子は、それぞれ相互依存的なものであるとヤーロムは述
べている。彼は対人関係論の立場の精神科医であるが、この療法的
因子の考え方は、集団精神療法の学派にかかわらず、受け入れられ
ている。

(3)グループで何をするのか

パインズ〔Pines, M., 1989〕は、誰でも多少は持っている問題（症状）は「自分の内部の、また自己と家族という非常に早い時期の社会から始まった社会状況との間にある、コミュニケーションの阻害」であると述べている。自分の内部のコミュニケーションの阻害という場合、統合失調症の思考障害もこのなかに入るだろう。そして自己と家族ということは、先に述べた発達の早い段階の家族関係で、満たされない経験をしているということと言える。このような症状がある場合、治療の過程は「交流の増大」であると言う。グループの話し合いのなかで、「なぜそうなのか」と疑問を追求し、「何がそうさせているのか」分析し、「明らかにしなければならない隠れた意味は何か」を理解し、共有することでコミュニケーションを増すことで変化が起きてくるとしている。

鈴木〔1999〕は、集団精神療法は安全を保証された枠組のなかで、これまで十分に繰り返し体験することのなかった役割と役割関係、人間関係のあり方、感情や考え方の表出を実験的にすることが可能な「実験の場」だとしている。そこでは実社会や家庭ではできなかった感情の吟味が可能だとしている。

ガーランド〔Garland, C., 1982〕は、GPTはメンバーがグループのなかで、はじめに話し始めるその人の問題」（主訴）を扱うのではなく、グループのなかで起きている対人関係の感情（転移、逆転移）を扱う ▶1-34/2-29,30 ようにすることで、集団精神療法の効果が生じるとしている。そしてグループのなかで起こることはグループの外側の現実ではないが、グループのなかで生じていることであり、グループはそこで起こる感情を取り扱うことが重要だと述べる。そしてその問題を扱う場面を作る大切さを述べている。

グループはこのように自分の体験や感情を、言語で表現する方法を探し、見つけようとするためのものだと言える。筆者はグループ

を「自分の考えを探す場」だと理解して、参加している。

そしてグループを始めると、そこでのコミュニケーションを促すことがGPTの役割であるが、これは言語的な介入だけを意味しない。むしろ構造を守る、グループの内と外の境界（バウンダリー）を守ることで、容れ物としてのグループを作ることがGPTの大きな仕事となる。

上に書いたことは、集団精神療法とは何をするのかということであるが、ある特定のグループにはそこの目標を立てる方が、メンバーにもまた他のスタッフにもわかりやすいだろう。アガザリアン〔Agazarian et al., 1981〕は、対人関係などの機能水準を三つのレベルに分け、それぞれの段階のグループの目標を次のように考えた。対人関係の乏しい引きこもりがちな人を対象とする場合をレベル1とし、そこではまず社会的なスキルを引き出し、個人のアイデンティティを支援することから始める。レベル2では、成熟した社会的相互作用を引き出し、適応を図り、自己決定のスキルと社会的アイデンティティを発展させることを支援する。レベル3では、社会の小宇宙としてのグループを使って問題解決や対人関係の相互作用を引き出す。このなかで各メンバーは社会的そして個別の役割を見つける。このような問題や障害によって、メンバーを選びその目標を考える方法は、GPTがチームとして働いている時に、チームのスタッフにグループについて説明する場合や、メンバーを紹介してもらう時にわかりやすいと言えるだろう。

グループを実際に始めたら、終了後にレヴュー（振り返り）をスタッフとおこなう。時間は多くは取れない場合が多いかもしれないが、記録を書きながら振り返る。そして何が起きていたかを考える。話されていたことと、それにまつわる感情なども考えることができるのが、レヴューの時間である。

(4)グループを学ぶ

グループの学び方は、集団精神療法の文献を読み、体験グループにメンバーとして参加する、そして実際の臨床場面のグループに参加させてもらうことで、グループで起きやすい心理的事象を知る。ビオンの基底的想定の表れである依存やGPTへの攻撃など、グループの現象として理解しておくことで、グループの発達の過程か、メンバー個人の特徴と捉えるか、違ってくるだろう。また個別の心理療法やカウンセリングなどの技法をまず習得しておくことが必要である。メンバーが話している内容、声のトーン、表情、姿勢などが意味することを考え、受け止める、対応することは、個人療法でトレーニングしていることである。グループでは、それに加えてメンバーが他のメンバーの話をどう聞いているか、誰に話しかけているか、話しやすそうか、誰を避けているようであるかなどを観察する必要がある。

グループの事例検討会でも学ぶことは多い。発表されている事例について、GPTはなぜこのような構造にしているのかを考える。グループのプロセスを追いながら、メンバーやGPTに何が起きているのかを考えてみる、などを体験することになる。そして事例検討の参加者のさまざまな意見を聞くことによって、自分がグループを作ること、実施することと照らし合わせて考えることができる。そしてグループを始めたら、スーパービジョンを受けることや事例検討の提供者になることが大事だと思う。事例を報告するために作業をすることで、新たな気づきが見えてくることもある。

3. 日本におけるグループの現状

1. の歴史で触れたように、日本におけるグループは日本グループ・ダイナミクス学会におけるTグループ、人間関係研究会のエンカウ

ンター・グループ、そして集団精神療法学会における、特に精神科医療の集団精神療法という流れがある。筆者の経験を振り返る時、集団精神療法は精神医療、特に精神科病院におけるグループから、各分野に広がってきていると言える[藤ら, 2017]。ここでは各分野における実践を取り上げる。

(1)医療領域

　精神科入院治療では、統合失調症等で他者との関係が築きにくく、思いをうまく表せず退院できずにいる人たちに対して、退院していけるようにサポートするスモール・グループ[神宮ら, 2017]の実践が語られている。大越[2017]は、アルコール依存症者が同じ問題を抱えた仲間と話し合い、自分や他者と向き合いながら退院後の生活に向けて気持ちを整理していくための、入院小グループについて報告している。精神科デイケアにおいては、デイケアそのものが一つのグループとして機能することを目ざして、テーマを決めない月二回の民主的な運営の自由な話し合いの場を持ったところ、スタッフとの関係などが語られた報告[高橋, 2017]もある。

▶4-87〜91

　うつ病のリワークに関して横山ら[2009]は、グループでおこなう理由として、安心感の獲得などの居場所機能、知的な対応能力を強化し、社会適応を高める教育の場、病的な対人関係のパターンの認知・修正の機能を挙げている。

　精神科以外の医療においては岡島[2017]が、心理的に受け入れ難い事態が生じた時に集団精神療法を意識したミーティング・カンファレンスをチームの構成員とおこない、問題に現実的な解決がもたらされた例を示している。地域がん診療連携拠点病院に勤務する松向寺[2017]は、入院中のがん患者のためのサポート・グループを実施している。そこでは家庭や職場、友人関係では語られにくい、がんに関する体験を参加者同士で共有し、励まし、慰め支援し合うなかで、

生き方、生き様についての語り合いが続いていると述べている。

(2)福祉領域

　障害者福祉サービス事業所において、行事、ボーナスの算定方法、運営についてなどを話し合う月一回のメンバーミーティングの、決める機能に弱く、決めなければならないという強迫的なところもなく、メンバーは思いついたことを話している様子を、橋本[2017]は報告している。非日常的なことでも聞き入れるか聞き流し、発言に対する非難は無い。そのようなミーティングを続けていくうちに、数年単位に及ぶ考えや気持の表明が出てくると言う。石坂[2018]は入所者のうち、虐待を受けた子どもが約8割、自閉症スペクトラム、多動障碍と診断される子どもが3割を占める児童心理治療施設において、子どものニーズをできる限り満たし、日常生活の活動のルールを子どもと職員が対等の立場で参加する会議で話し合い決める、という治療共同体的な運営を採っている。開所当時から、さまざまな問題行動が生じるたびにミーティングを開くなかで、一年後には問題行動は軽減し、落ち着いた生活を送るようになったと報告している。

(3)教育領域

　スクールカウンセラー(SC)が集団精神療法を学校場面でどのように生かすか、というテーマのワークショップや研修会が、集団精神療法学会において見られるようになった。梶本[2017]は、ある「問題行動」を起こしている児童の個々の心理、クラスの人間関係、クラスの全体的な雰囲気に加え、このクラスを包含している学年全体や学校全体や地域コミュニティの文化や力動関係を見る視点で、学校を集団精神療法的に見る試みをしている。

(4)産業領域

白波瀬 [2017] は、グループダイナミクス理論を採用し、職場復帰支援活動をおこなった。そこでは職場復帰支援プログラム提供メンバーである精神科医、臨床心理士と企業側のメンタルヘルス不調の労働者、職場管理監督者、人事担当者、産業医、保健師/看護師のグループとの協同で「精神的健康」に加え、「働く能力」の回復・向上をも視野に、メンタルヘルス支援の具現化、精緻化も進めることができると言う。

(5)司法領域

薬物依存の受刑者に対する「薬物依存離脱指導」の標準プログラムが2017年度より全国の刑務所で実施されているが、そのプログラム終了後のフォローアップ・グループについて鈴木・宮城 [2018] は、受刑者がグループのなかで率直に語っていることを報告し、今後の刑務所におけるグループの可能性を示唆している。

(6)コミュニティ領域

高畠 [2003] はDV被害者に対して、セルフヘルプ・グループと臨床心理士やフェミニスト・カウンセラー達がDV被害者のシェルター保護するなかで作ってきたCR（意識覚醒 conscious rising）グループのもつ意義について、安全な居場所であり、個人的なことを語れ、社会的な文脈に気づき、エンパワメントされ、アドボケイトされる機能を持つグループであるとしている。

災害に際して支援者は無力感を感じ、罪責感を持ち傷つくが、阪神淡路大震災まで、災害支援者の二次的心的外傷についてはあまり語られることはなかった。藤 [2009] は災害支援者支援の「災害とメンタル・ヘルス」を語るグループを継続するなかで、治療的枠組に安心感を持てるためには、支援者の二次的トラウマは誰にでもあるこ

ととして、グループ全体で取り上げることが大事だとしている。

コミュニティ領域のなかで、グループを有効に使っていると思うのは、「べてるの家」の「当事者研究」などの活動だろう〔向谷地ら, 2018〕。自由に話せる土壌を作り維持すること、それが気持ちを豊かにし、開いてくれる人がいることで話し、考えることを進められるというグループの良さが機能していると思うのである。

さまざまなグループの例として挙げてきたが、メンバーが自由に話せるグループという容れ物を、どのように作るかを考え続けることが大事なのだと思う。

文　献

Agazarian, Y. & Peters, R. (1981). *The Visible and Invisible Group. Two Perspectives on Group Psychotherapy and Group Process.* Karnac Books.

Bion, W.R. (1961). *Experiences in Groups and other Papers.* Tavistock Publications. 池田数好（訳）(1973).『集団精神療法の基礎　現代精神分析双書17』岩崎学術出版社.

Foulkes, S.H. (1948). *Introduction to Group Analytic Psychotherapy. Karnac.*

藤 信子 (2009).「災害支援者のためのグループ」臨床心理学9(6), 735-739.

Garland, C. (1982). Group-Analysis: Taking the non-problem seriously. Group Analsis,15.4-14.

橋本史人 (2017).「作業所でのミーティング」藤信子・西村馨・樋掛忠彦（編）『集団精神療法の実践事例30――グループ臨床の多様な展開』創元社, pp.86-96.

石坂好樹 (2018).「児童心理治療施設における環境療法の一つの試み――現状の報告」集団精神療法34(1), 15-21.

神宮京子・野村静香 (2017).「スモールグループ―グループは自分を見つける場所――藤信子・西村馨・樋掛忠彦（編）前掲書, pp.182-193.

梶本浩史 (2017).「小学校でのスクールカウンセリングに生かす集団精神療法的な視点と方法――学校としての教育相談力が高まる土壌」藤信子・西村馨・樋掛忠彦（編）, 前掲書, pp.124-134.

向谷地生良・橋本侑治・ジェーン (2018).「対話の持つ力――オープンダイアローグと当事者研究の拓く世界」集団精神療法34(2), 147-158.

村山正治 (1977).「エンカウンター・グループ序論」村山正治（編）『エンカウンター・

グループ　講座心理療法7』福村出版.

西村 馨 (2013)「集団精神療法—現代に回帰する本質的問いとして」精神療法39(2), 71-78.

野島一彦 (2000).『エンカウンター・グループのファシリテーション』ナカニシヤ出版.

岡島美楼 (2017).「緩和ケア病棟におけるグループアプローチの可能性」藤信子・西村馨・樋掛忠彦 (編) 前掲書, pp.229-238.

Pines, M. (1989).「グループ状況の中での個の変化」式守晴子 (訳), 集団精神療法 5(1), 11-16.

Reisman, J.M. (1976). *A History of Clinical Psychology.* Irvinton Publishers, Inc. 茨木俊夫 (訳) (1982).『臨床心理学の歴史』誠信書房.

白波瀬丈一郎 (2017).「産業精神保健はフィールドワークである」藤信子・西村馨・樋掛忠彦 (編) 前掲書, pp.296-305.

鈴木純一 (1999).「集団精神療法」岩崎徹也・小出浩之 (編)『臨床精神医学講座第15巻　精神療法』中山書店, pp179-192.

鈴木育美・宮城崇史 (2018).「女性受刑者に対する薬物依存離脱指導終了後の『フォローアップ・グループ』」集団精神療法34(2), 183-185.

高橋 馨 (2017).「精神科デイケアにおける集団精神療法の実践」藤信子・西村馨・樋掛忠彦 (編) 前掲書.

高畠克子 (2003).「DV被害者のグループ」精神科臨床サービス3(3), 340-342.

武井麻子 (2017).「集団精神療法の歴史とひろがり」藤信子・西村馨・樋掛忠彦 (編) 前掲書, pp.4-24.

田辺 等 (2017).「集団精神療法の基本事項と実践の概要」藤信子・西村馨・樋掛忠彦 (編) 前掲書, pp.25-36.

Yalom, I.D. (1995). *The Theory and Practices of Group Psychotherapy.* 4th ed. Basic Books. 中久喜雅文・川室優 (監訳) (2012)『ヤーロム　グループサイコセラピー——理論と実践』西村書店.

横山太経・前田英樹・橋本恵理 (2009).「復帰支援としてのリワークグループ」臨床心理学9 (6), 763-768.Δ020

●現場への眼差

- [ ] 「グループ」の特徴を活かした心理的支援のこれまでの歴史・流れについてまとめてみましょう。
- [ ] 集団精神療法の実施に必要な手続きは？　どのようなことを決めておく必要があるでしょう？
- [ ] グループを活用するにあたっては、どのようなことに留意しておくべきでしょうか？

第 **3** 章

公認心理師が
「地域社会」にかかわるために

板東充彦

1. はじめに

　大学および大学院における公認心理師のカリキュラムの到達目標において、「3. 多職種連携・地域連携」「11. 社会及び集団に関する心理学」「15-2. 訪問による支援や地域支援の意義について概説できる」などとして、地域社会との関わりへの言及がなされている。特に、「連携」については関連書籍でもよく言及され、公認心理師の業務を把握するキーワードの一つとなっている。しかし、これら地域社会と関わる際の理論的柱となる「コミュニティ心理学」はカリキュラムには明記されなかった。

　地域社会は、「地理的コミュニティ」とも言われる。しかし本章では、領域 (エリア) を前提とするこの概念のみならず、複数の人々が織りなす「機能的コミュニティ」をも対象として捉える。すなわち、たとえば病院や学校の内部は「地域社会」ではないが、人々が継続的に関わり合いを続け、一定の機能を果たすコミュニティとして把握される。ここで、日常的な連携業務や、非日常的な緊急支援などが展開されるのである。

　私たちは、物心ついたとき、いや未だ十分に意識を自覚する以前から、何らかのコミュニティに所属する社会的存在である。それは、家族であり、居住地域であり、学校あるいは学級である。そして成長に伴い、サークル、インターネット上のネットワーク、職場、専門家集団など、所属コミュニティは変遷していく。しかしながら、私たちはこの社会的事実を十分に意識化しないままに日々の生活を送っているのである。

　私たち公認心理師の主たる業務は、クライエント [以下、CI] のアセスメントと介入である。しかし、誠実に心理支援を学んでいる者で

あれば、この「アセスメントと介入」の対象はCl個人のみならず、Clを内包する家族や職場、面接室で関わるセラピスト、さらにこれらを取り巻く地域社会や文化を含めた概念であることを理解しているであろう。すなわち、心理支援をおこなう際、Cl個人を取り巻く重層的なコミュニティをアセスメントすることなしに、適切な介入はおこなえないのである。そして、支援者もまたコミュニティの一員であることを理解するなら、面接室の中だけが支援の現場ではないことに思い至るであろう。コミュニティは面接室の外にまで広がっており、支援者のコミュニティへの関与がCl個人の健康に影響を与えるのである。

　以上の点に目を向けるための基本的な枠組として、本章ではコミュニティ心理学の理論を概観する。コミュニティ心理学は、1965年にボストン郊外のスワンプスコットでおこなわれた会議で初めて提唱された学問領域で、我が国の先達者である山本〔1986〕は次のように定義をおこなった。「コミュニティ心理学とは、様々な異なる身体的心理的社会的文化的条件をもつ人々が、だれもが切りすてられることなく共に生きることを模索する中で、人と環境の適合性を最大にするための基礎知識と方略に関して、実際におこる様々な心理的社会的問題の解決に具体的に参加しながら研究をすすめる心理学である」〔傍点筆者〕。

　コミュニティ心理学は、密室でのみ展開される心理療法に警笛を鳴らすものとして誕生したが、伝統的な臨床心理学を否定するものではない。公認心理師を目指す読者は、構造枠を厳守する心理療法と比較しながらコミュニティ心理学のエッセンスをつかみ、これら二側面の臨床的事実を視野に収めてほしい。

　以下、コミュニティ心理学の基本的な概念を整理した後、コミュニティ心理学の視点に沿った介入技法について概観する。

2. コミュニティ心理学の基本概念

(1)生活者としての人間

　公認心理師は「支援する者」であり、Clは「支援される者」である。私たちはそのように教育を受ける。これに対して、コミュニティ心理学の理念は「共に生きよう。共に生きているのだ」と表現される。すなわち、落ち着いて振り返るなら、支援者もClもこの世界で苦労しながら生活を送る存在であることに変わりはなく、これを基本的理解とすることを説いているのである。

　前者を"医療モデル"と呼ぶなら、後者は"コミュニティ・モデル"として捉えられる。コミュニティ・モデルにおいては、支援の対象者も支援者も同じ地平に立ち、「共に生活する者」と位置づけられる[図1]。たとえば、Aは面接室でのセラピスト、Bは病院・学校などで他職種と連携をするカウンセラー、Cはより生活場面に近い児童養護施設で子どもや職員に関わる支援者、そしてDは、支援者の生活圏である町内会活動において心理専門家として何らかの機能を果たす状況としてイメージすることができる。

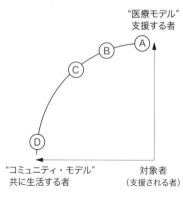

図1　コミュニティ・モデル

　すなわち、コミュニティ・モデルを視野に入れるなら、公認心理師はAからDに至る弧のいずれかの地点におり、対象者との距離感や関係性を調整する必要が生じる。特に、公認心理師はBやCの地点における機能をますます求められており、その際にAの感覚に固執していては対象者との適切な関係を築くこ

とができないであろう。

(2)生態学的視座

　対象者を生活者として捉えると、アセスメントは複雑になる。重層的なコミュニティは、支援者の存在も含みながら対象者に関与しており、個人のアセスメントだけでは対象者の問題行動の説明ができなくなる。

　「生態学」とは、生活している環境との相互作用を含めて生物を理解する研究分野である。人も同様に複雑な生態系のなかで生活する存在である。【図1】のモデルを踏まえるなら、医療モデルは病気や問題を抱える存在として個人を捉え、その個人的解決を図る。それに対して、コミュニティ・モデルは環境に取り巻かれた存在として個人を捉え、それら全体を介入の対象とする。すなわち、コミュニティ心理学の対象は個人ではなく、個人とそれを取り巻く環境全体である。このことは、「人を文脈の中で捉える」「人と環境との適合を図る」とも説明され、理論的にはシステム論に通ずる捉え方である。

　たとえば、入院している精神科病院における職員の労働環境が悪く、Clの暴力行動が増大している状況があるとする。その際、Cl個人のパーソナリティに問題を起因させるのでもなく、職員の労働環境の劣悪さのみを問題とするのでもない。これらは切り分けることはできず、それぞれの問題性と相互作用を全体として捉える視点の獲得が肝要となる。そして、その病院コミュニティには支援者も含まれているのである。

　したがって、状況把握は困難になるが、生活者としての視点からはこれがまさに現実である。生態学的視座からは、アセスメントの正確性よりも先に、状況を俯瞰するこの視点に繰り返し立ち返る姿勢が求められよう。

(3)エンパワメント

コミュニティ心理学では、人の強みや有能さに着目する。問題を捉えてそれを改善すること以上に、対象者が有する資源を生かし、それが健康の維持・促進に寄与することを目指す。「成長・発達モデル」とも呼ばれ、対象者の生きる力を尊重し、支える姿勢である。

これを明瞭に示しているのが、「勇気づける」「元気づける」という意味のエンパワメント概念である。「支援される者」として受動的な姿勢に陥りがちな対象者が、自身の生活を能動的に切り開く主体性を獲得することを目指している。支援者は、コミュニティにおいて自立的に生活する姿を基盤に対象者を捉え、共に生きていく立場としてその生活を支える。

また、エンパワメントの対象は、個人・グループ（組織）・コミュニティと、三つの次元で捉えられる。個人のエンパワメントは、当該個人の自己効力感、有能感、コントロール感等の高まりが目指され、心理的エンパワメントとも呼ばれる。これに対して、グループ（組織）やコミュニティのエンパワメントは、「グループ（組織）やコミュニティの健全化を図る」とも言える。すなわち、エンパワメントされた集団は、凝集性の高まりや活性化などが見られ、株式会社などの組織においては生産性の向上が達成されるであろう。所属する個々人のウェルネスは高まり、コミュニティの自治への積極的参加も増大する。

しかし、たとえばエネルギーと有能感に溢れている個人がいたとしても、独善的なやり方で組織を率いているとすれば、その組織と構成員たちは必ずしもエンパワメントされていないことが想像できよう。あるいは、二つの組織がそれぞれ精力的に活動を展開させていたとしても、価値観の対立と反目の構造が顕著であって、対話や交流の機会が奪われているとすれば、それらを包含するコミュニテ

ィが健全とは言い難いであろう。

　すなわち、エンパワメントはシンプルな概念であるが、その実践は容易ではない。少なくとも、それぞれの個人・グループ（組織）・コミュニティおよびそれらの関係性を視野に収めておく必要がある。そして、エンパワメントされた個人は、自身の生活のみならず、所属するグループ（組織）やコミュニティの健全化に寄与する姿勢をもつことが求められる。

　コミュニティ心理学においてエンパワメントは重要な概念であるが、未だ多義的な側面を含んでいる。ただし、個人がもつ力を信頼する姿勢は、自己実現を志向する人間性心理学やポジティブ心理学に通じる普遍性をもつものである。

(4)コミュニティ感覚

　「われわれ意識」「帰属意識」とも呼べる、当該コミュニティに所属している確かな感覚を「コミュニティ感覚」という。比較的規模の小さなコミュニティの方がコミュニティ感覚は高まりやすいと言われており、次の四側面により説明される。

　第一の「メンバーシップ」は、情緒的な安全感や所属感を含み、そこには外部を隔てる境界の存在が想定される。第二の「影響力」は、構成員同士が一方的な貢献を求めるのではなく、互恵的な関係性を築くなかで、コミュニティに変化をもたらす力の存在を指す。第三の「統合とニーズの充足」は、構成員同士の価値観やニーズの共有を前提に、自己のニーズ達成が他者のニーズ達成に結びつき、コミュニティはそれら構成員のニーズ充足に貢献していることを示す。第四の「情緒的結合の共有」は、情緒的側面を強調し、他の構成員とともに時間・場所・経験を共有したいという快感情と交流からなる精神的つながりを示している。

　私たちが所属するコミュニティを振り返ると、「居心地の良いコミ

ュニティ」はおよそこれらの条件を満たしていることがわかるだろう。すなわち、コミュニティのエンパワメントを志向する際には、このコミュニティ感覚の強化を視野に入れることが指針になるし、コミュニティ心理学の使命はここにあるとも言われる。端的に述べるなら、コミュニティ感覚は「私に緊急事態が生じたときには、同じコミュニティの誰かが私を助けてくれる」という安心感とも言えるだろう。このことは、後述する予防の概念に直結する。

　ただし、ここで指摘した事柄で一点留意しておくべきは、コミュニティには境界があり、常に外部が存在するということである。学校のクラス、一つの病棟、友人関係などを思い浮かべると容易にわかるが、ある集団のコミュニティ感覚が高まるということは、その外部との壁が厚くなることでもある。私たちは常にコミュニティに属しているが、その内部に満足しているだけでは弊害が生じる。境界の外部に広がりをもって連なるものとしてコミュニティを捉える必要があろう。

(5)ソーシャルサポート
▶4-96,98

　ソーシャルサポートは、対象者を取り巻く家族や友人によるサポートのことを指す。人の健康を支援するためには、内的なもの・外的なものを含めて様々な資源が活用されるが、ここでは人の存在や関わりを援助資源として捉えている。

　ソーシャルサポートが人の健康に有効であることは感覚的にすぐ了解されるが、その概念は広すぎるとも言われている。そこで、膨大な研究の蓄積が進んでいる。その成果より、次の三側面を捉えると、より具体的にソーシャルサポートを把握することができる。

　第一は、支援をしてくれる他者の数や量を示す「社会的包絡」である。第二は、現実に実行された支援行動を示す「実行されたサポート」である。第三は、支援を受けられるという認知的側面を示す

「知覚されたサポート」である。

ソーシャルサポートの行動は、励ましや慰めなどの「情緒的サポート」と、仕事の補助・金銭の貸し借り・情報の提供などを含む「道具的サポート」に区別して捉えられる。また、ソーシャルサポートの効果に関して、対人支援の有無が直接その人の健康状態を左右するという「直接効果仮説」、ストレスフルな状況下のみ対人支援の効果が現れるとする「緩衝効果仮説」などが主張されている。

詳細は他書に譲るが、抑えるべきポイントは、ソーシャルサポートの相互交流的性質である。人々が支え合う関係は、原因と結果が複雑に入り交じり、影響を与え合う。コミュニティはまさにこの相互交流が盛んに展開されている場なのである。たとえば、精神科クリニックを受診する暗い表情のうつ病患者も、家庭では良き父親として幼子と関わる場面や、よりつらい境遇にある友人の悩みを親身に聴く場面があるかもしれない。現実の生活場面においては、「支援する‐される」という関係は簡単に規定されえないのである。

このように、Clを取り巻く対人支援の網の目を捉えるのがソーシャルサポートの視点であり、たとえば【図2】のようにそのネットワークを描くことができる。Clを支える個人やコミュニティの関係性を矢印などの記号を用いて表現するのも良いだろう。Clを中心に置いてこのように図示することで、Clのソーシャルサポートの豊かさ(あるいは貧困さ)がわかるし、カウンセラーがClのサポート源として占める位置づけを確認することができる。

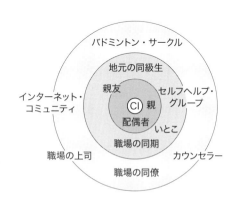

図2　ソーシャルサポート・ネットワーク

(6)予 防

　公認心理師の業務には、問題や病気を抱えたClの回復に寄与することのみならず、心の健康に関する教育や情報の提供も含まれる。これは「予防」の視点であり、治療以上に予防に着目することはコミュニティ心理学のキー・コンセプトのひとつである。予防は次の三つに分けて捉えられる。

　一次予防は、精神障害の発生そのものを予防することである。人間の健全な発達には、食事や住居環境などの物質的側面、良好な家族間交流などの心理的側面、職業や社会的役割などの社会文化的側面の充足が必要とされ、一次予防はこれらの適切な供給を目指す。逆に、これらの供給を急激に停止させられるような重大なライフイベントに遭遇したとき、人は危機状態に陥るリスクを抱え、一次予防の対象となる。危機介入の技法については後述する。

　二次予防は、地域における潜在的な精神障害者を早期発見し、できるだけ早い時期に支援の手を差し伸べることである。「待つモード」より「捜すモード」と言われ、集団検診を通したスクリーニングや職場におけるストレスチェックなどは早期発見の実践例である。ただし、潜在的な一群は問題の自覚に乏しく、医療やカウンセリングに対する偏見が強い場合も多く、支援に結びつけるためには関わりの技術が必要である。

　三次予防は、精神障害者の二次障害を防ぎ、再発予防をおこなうことである。したがって、精神障害に陥ったものの回復期にある者が対象であり、リハビリテーションや社会復帰プログラムがこれに当たる。ただし、三次予防は個人へのアプローチのみでは達成されない。精神障害者は、彼らを見る社会からの視線に苦しむ。すなわち、社会との関わりが病を生む。精神障害および精神障害者に対する正しい認識が社会に浸透することで三次予防は進むのであり、これは一次予防と連動する。

治療よりも予防の方がはるかに経済的であり、そもそも病気や問題を抱えないことの方が望まれるのは明確なのに、予防に費やされるエネルギーや予算は相対的に少ないのが現状である。その理由の一つは、予防に注いだ効果が目に見えづらいからであろう。効果が現れるまでに時間を要するため、心理学研究を推し進めづらい面もある。ただし、以上の記述を丹念に読んでいただければ、予防の視点をもってコミュニティに関わることの重要さを把握することができるだろう。

3. コミュニティ心理学の介入技法

(1) 連携／協働

　医療・福祉・教育いずれの分野においても、公認心理師は他職種などの関係者と連携して業務をおこなうことが義務づけられている。連携は単なる支援技術ではなく、その根底にはコミュニティ心理学の理念がある。すなわち連携は、予防の視点をもとにソーシャルサポート・ネットワークを築き、コミュニティ全体のウェルネスを高めることに寄与する、専門職のあるべき交流の姿を示している。専門家である私のみが支援に奮闘するのではなく、コミュニティ全体で健康促進を推し進めようという「共に生きる」姿勢がここにある。

　藤川〔2007〕によると、このような連携／協働は三つのモデルで捉えられる【図3】。リファー／コーディネーションは、公認心理師・支援

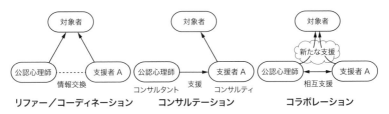

図3　連携／協働のモデル〔藤川, 2007 語句の一部を筆者改変〕

者Aがそれぞれ独立して支援を展開するなかで、必要に応じて情報交換と調整をおこなうモデルである（図中「公認心理師」は筆者による）。

▶1-68,131

コンサルテーションは、たとえば不登校児の対象者に対して、教員の支援者A（コンサルティ）が関わる状況で、スクールカウンセラーの公認心理師（コンサルタント）が心理学の立場から支援することである。この場合、ケースに対する責任はコンサルティが受け持ち、コンサルタントはコンサルティの立場や専門性を尊重する姿勢が求められる。コラボレーションは「協力して働くこと（協働）」を意味しており、公認心理師・支援者Aがチームを組んで支援計画や資源を共有し、チームがその責任を負う。

　これら三モデルからも明らかなように、他職種との連携／協働と言っても、公認心理師の役割、責任性、周囲との関係のあり方はさまざまである。当該コミュニティから公認心理師が求められている役割は何か。支援の目標は、クライエントの課題解決か、コンサルティの成長か、協力的なコミュニティづくりか。私は人やコミュニティの健康促進に対して何をしているのだろうか？　クライエント個人のアセスメントに注力するのみでこれらの視点に欠けていると、コミュニティから疎まれ、その健全さを損なう存在に陥ることもある。それでは、公認心理師として現場で十分に機能することはできない。

　上記三モデルのなかでもっとも研究が進んでいる「コンサルテーション」に言及すると、その介入過程には、出会い・契約・アセスメント・問題の定義づけと目標設定・関わり方の選別・介入・評価・終結という八段階があるとされる。これらのポイントはリファー／コーディネーション、コラボレーションの介入過程を捉える際にも有効であろうが、公認心理師が抱える困難は、これらの実践技法を体系的に学ぶ機会がほとんどないことである。本書は入門に留まる

が、【実践編】第3章の事例にじっくりと取り組み、連携／協働の要点をつかんでほしい。

(2)グループ・アプローチ

　グループ・アプローチは、たとえばうつ病患者の小集団精神療法のように、支援の目的と構造が明確化された技法の総称である。詳しくは【理論編】【実践編】の第2章を参照されたいが、コミュニティ支援の実践者にとって、グループ・アプローチの技術習得は必須事項である。

　すなわち、個々の構成員のパーソナリティ、それらの交錯によって起こる対人交互作用および構成員の情緒的反応、支援者の巻き込まれなどを敏感に捉える必要がある。異文化として存在する他者を受容する姿勢も大切であろう。成熟したエンカウンター・グループ ▶4–23
では、ファシリテーターがリーダー役割を独占するのではなく、メ ▶4–23,124〜126
ンバーのファシリテーター化が進んでいく。すなわち、メンバーがリーダーシップを獲得するのである。コミュニティにおいてもこの視点は重要で、支援者と対象者が役割を交換しながら関わりを続けて、新たなリーダーが増えていくことが理想である。

　本章では、コミュニティ心理学の基本概念を"医療モデル"と対比しながら論じているが、このような転移・逆転移の把握やパーソナリティ理解の重要性を踏まえると、個人心理療法およびグループ・アプローチの技術が必要であることがわかるだろう。逆に、これらの視点がない場合はコミュニティ心理学による支援とは言えない。私たち公認心理師は、心理学的支援の基盤の上に"コミュニティ・モデル"の視点を取り入れることで、現場で機能することができるのである。

(3)セルフヘルプ・グループ

　医療としてのセラピー・グループと対比すると、セルフヘルプ・グループ〔以下、SHG〕は、専門家がいないグループである。たとえば、アルコール依存症者らの「断酒会」、神経症者が集団で森田療法を学ぶ「生活の発見会」、不登校の親の会など、何らかの問題を共通に有している者たちの自主的な集まりである。グループ・アプローチの一形態とも捉えられるが、むしろコミュニティ心理学の文脈で論じられることが多い。理念的には「支援する者」がおらず、構成員同士が対等な関係性のもとで支え合い、所属に成功すると強いコミュニティ感覚とエンパワメントが得られるからである。

　心理支援をする際の知識は「専門的知識」「体験的知識」「素人的知識」に分類されるが、SHGでは体験的知識が存分に活用される。すなわち、同じ種類の問題や困難を抱えた者たちなので、成功も失敗も含め、一人の体験は他者にとってのモデルとなるのである。それを「体験的知識」と呼んでいる。そして、「人を支援することが、もっとも支援されることである」という「ヘルパー・セラピー原則」が機能する。利用者がSHGを初めて訪れるときは緊張するものである。しかし、SHGの先輩たちからさまざまな支援を受ける間に、気がつくと今度は自分が初訪問者に対する先輩となっている。そこで支援を提供することは、自分のつらい体験に価値を見出し、自己効力感を回復させる契機となるのである。

　しかし、ここにおいて、対等性をうたうSHGにおいても上下関係が生じることが想像されるだろう。コミュニティにおいては常に権力が存在するのが現実であり、責任をもってこれに対処できる専門家が不在であることがSHGの限界である。

　そこで、問題を抱えた当事者でもあるSHG運営者などに対して、専門家が外部からコンサルテーションをおこなう支援を考えることができる。しかし、SHGにとって専門家は脅威である。SHGはそも

そも専門的支援への反発から生まれた歴史的経緯もあり、専門的知識の押しつけは体験的知識の活用を阻害する要因となってしまうのである。

　ここでも、“コミュニティ・モデル”の視点から役割と関係性を適切に捉えることができれば、公認心理師はコミュニティにおいてSHGと健全な連携／協働の体制を築くことができるであろう。

(4)危機介入

　日常的な均衡状態を揺さぶる事態によって脅威と苦痛が体験されるが、それまで習慣としてきた課題解決方法では克服できないとき、「危機状態」が発生する。その特徴は、急性で非常に短期間から5,6週間くらいまでであること、行動の顕著な変化が見られること、自分ではどうしようもない気持ちに陥ること、身体的な緊張を伴うことなどである。ただし、危機の「機」は転機の「機」であり、語源も「分かれ目」である。したがって、適切な対処により危機が乗り越えられると飛躍のポイントになるとも言われる。

　危機状態に陥った人は急激に救援欲求を高めるため、支援者はタイミングを逃さずに介入することが求められる。この「危機介入」▶4-19〜21,60は次のような独自の視点をもつ。第一に、危機状態以前の均衡状態を回復させることを目的とすること。第二に、個人の内面の変容を第一義的目的としないこと。そのため、遠い過去まで遡らない。第三に、限定された時間と回数で支援をおこなうこと。第四に、対象者を支えることのできる関係者や関係機関との円滑なネットワークづくりを志向すること。第五に、対象者の内的・外的な援助資源のうち、ポジティブな側面を積極的に利用すること。実践現場においては、「非常時にすぐ駆けつけること」「対象者のニーズを聴取すること」「必要とされる支援を届けること」という直接的・積極的・関

与的な姿勢が求められる。

　個人に対する危機介入では、対象者の急性精神病性障害に対する「応急処置」と捉えることができるが、コミュニティに対する危機介入では、当該コミュニティが従来有していた援助機能を回復させることが主要目的になる。【実践編】第3章で論じられる危機介入は「緊急支援」と呼ばれ、学校コミュニティの主体性を重視した後方支援が展開される。また、【実践編】第3章の被災地支援は、広域な土地自体がその機能を失ったケースであり、短期的な危機介入から長期的なコミュニティ支援に展開したものである。

　危機介入においては、危機状態に陥った後のソーシャルサポート・ネットワークづくりが重要である一方で、平常時における健全なコミュニティの育成が大事な支援となる。コミュニティの危機対応能力に直結するからである。そのため、危機介入時には、危機を引き起こす出来事のアセスメントのみならず、コミュニティの紐帯や健全さのアセスメントが必要になるのである。

4. おわりに

　紙幅の都合により本書で触れられなかった点がいくつかある。

　第一に、コミュニティ心理学における重要な概念である「社会変革」についてである。コミュニティをエンパワメントすることは、社会を変革するムーブメントにつながる。特に、対象者の生活に寄り添う支援者は、彼らの社会的な権利擁護を示す「アドボカシー」[4-21,22]に敏感である必要があり、SHG活動がアドボカシーを通じて社会変革を起こすこともある。教育や情報の広範な普及や社会制度上の変革を視野に入れておくべきであろう。

　第二に、コミュニティ心理学の研究法についてである。コミュニ

ティ支援は、対象者が広域に存在し、また効果が確認できるまでに時間を要することが多いため、研究をおこなうには工夫が必要である。実践と理論構築を同時並行的におこなうアクション・リサーチや、社会的な説明責任を伴うプログラム評価の方法が開発されている。支援技法の発展と研究の連動性を踏まえると、実践家も研究の視点をもつことが必要だろう。

　本章で概観したコミュニティ心理学の理論的枠組とともに本書【実践編】をご覧いただきたい。コミュニティ支援が関与する問題群や分野は種々多様で、本書ではそのうちの一部しか扱うことはできない。それでも、本書の四事例には、現場において重層的なコミュニティに所属している公認心理師が着目するべき視点と、Clやコミュニティが元気になるためのエッセンスが凝縮されている。それぞれの事例を想像力豊かに体験し、公認心理師のコミュニティ支援の一端を学んでいただきたい。そして、章末に記す参考文献などを参照のうえ、さらに学びを深めてほしい。

　最後に、地域社会およびコミュニティに関わる理論はコミュニティ心理学に限らないことを指摘しておく。地域福祉学におけるコミュニティ・ワークの理論および実践や、社会学におけるコミュニティ論の連綿とした実績がある。他職種との連携／協働、および国家資格である公認心理師が担うべき社会的貢献を踏まえ、広い視野から学びを続けるべきである。私たちは、コミュニティとの関わりから心が形成され、またコミュニティの形成に心が関与する意識をもつ必要があるだろう。

文　献

藤川　麗 (2007).『臨床心理のコラボレーション──統合的サービス構成の方法』東京大学出版会, p.18.

日本コミュニティ心理学会(編) (2007).『コミュニティ心理学ハンドブック』東京大学出版会.

田嶋誠一 (2009).『現実に介入しつつ心に関わる──多面的援助アプローチと臨床の知恵』金剛出版.

植村勝彦(編) (2007).『コミュニティ心理学入門』ナカニシヤ出版.

山本和郎 (1986).『コミュニティ心理学──地域臨床の理論と実践』東京大学出版会.

●現場への眼差

- [ ] 「コミュニティ心理学」と個人心理療法にはどのような違いがあるでしょう？
- [ ] 「コミュニティ心理学」の基本概念について、説明できるでしょうか？
- [ ] 公認心理師は、地域社会・コミュニティとどのように関わることができ、関わっていくべきでしょう？

家族関係
集団
地域社会
実践篇

第 **1** 章

家族療法

カップルセラピー——多世代的視点からジェノグラムを読み解く

福祉分野   布柴靖枝

1. はじめに

　カップルセラピーにおいて、お互いのことをより深く理解するためにジェノグラムは大いに役立つ。本章では、多世代的視点からどのようにジェノグラムを読み解き、カップル関係の葛藤の背景要因を理解すればいいのか事例を通して考えてみよう。

2. 事例の概要

[来談経緯]　AとBは再婚同士の夫婦。再婚して1年たつが、コミュニケーションがうまくいかないことを主訴に来談し、カップルセラピーをおこなうことになった。

[家族構成]　A（47歳）夫・建設業　B（46歳）主婦　C（16歳）Bの連れ子・女子

[カップルの臨床像]　Aは過去をふりかえらぬ現実主義者で、普段は無口。しかし、短気で、怒りの下にある悲嘆が著しく抑圧されている印象があった。一方、Bは、正反対のタイプで、弁も立ち、甲斐甲斐しく世話を好んでする印象であった。Aは肥満と腰痛、Bは10代の後半に糖尿病を発症し通院している。

[カップルの問題歴]　Aは、Bのことを「心配性」で「口うるさい」と感じており、些細なことで「いちいち指示」してくるので、うっとうしいと感じていた。そのため、Bが何か言いだすと、Bから離れてしまうというパターンを繰り返していた。またAは、Bが連れ子

のC（16歳）に対して甘やかしすぎると不満をもっている。

　一方、Bは、AがBの気持ちをわかってくれないことや、大切な話をしようとするとすぐに席を立ってしまうことに対して不満をもっていた。BはAに冷たくされるほどに、身を挺して世話をするというパターンを繰り返しており、犠牲的なケアテーカーを健気に引き受けているかのように見えた。しかし、Bの献身的な言動がAを辟易とさせてしまうことにもつながっていた。

　概して、親密性の回避傾向があるAと、見捨てられ不安が高いBとの間で「回避‐密着」の葛藤がカップル間で生じていることが見受けられた。なぜこのようなパターンが生じたのであろうか。その背景要因についてジェノグラム【図1】を通して理解を試みよう。下記はAとBがジェノグラム作成にあたり語られたエピソードである。

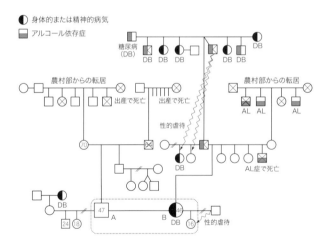

図1　AとBのジェノグラム

Aの語り

○　Aは、祖父母の代に農村部を離れて都市部に移住してきている。祖父母は貧しい農家の出身で、出身地での暮らしについてほとんど

語らなかったという。唯一、Aが聞かされているのは、彼らが十分な教育を受けておらず、田舎の閉塞的な生活を抜け出すために都市部での生活を夢見て転居したということだけである。

○ 父方の源家族**は、都市部に転居しても低所得で、家庭内は勝ち負けにこだわり喧嘩が絶えなかったという。Aはそれが嫌で、中学卒業後すぐに家を出ており、以後、親とは没交渉であった。

○ 父方の祖母、母方の祖母も六人目の子どもの出産時に命を落としている。

○ Aは、20歳前半で一度結婚したが、性格の不一致で離婚した。子どもは前妻が引き取り、その後一度も会っていない。Aは子どもが苦手と語っているが、その根底には子どもに対する恨み・憎しみにも似た感情をもっているかのように思えた。

Bの語り

○ 源家族は地方の農村部から祖父母の代に都市部に転居してきた。

○ Bも離婚歴がある。離婚に至った理由は、前夫が娘に性的虐待を加えたことがわかったからである。

○ Bの父方の源家族は全員、糖尿病で糖尿病性の合併症に苦しんでいた。父、おじ、おばたちも病気のコントロールが悪く、合併症で失明したり、壊疽で足を切断したりしている。

○ 父の再婚後、Bは生まれた。父の前妻との間にできた異母姉二人は、叔父によって性的虐待を受けている。

○ Bの母親のきょうだいの男性は全員アルコール依存症であった。そして、五人きょうだいの長女として育ったBは、きょうだいたちの世話に明け暮れて育った。また、Bがずっと世話をしてきた弟もアルコール依存症で亡くしている。女性として、つねに「ケアする者」として生きてきた。それは、Bの母親や祖母と同じ生き方でもあったとBは語っている。

[設問]

二人のジェノグラムを通して、カップルが直面している問題・葛藤をどう理解すればいいのか、下記の問いに従い仮説を立ててみましょう。

□ Bが娘Cを過度に甘やかしてしまう要因として考えられるのは？①
□ AがBに対して娘Cに甘すぎると過度に非難する要因は？②
□ BがAに過干渉になってしまう要因を考えてみましょう。③
□ AがBが大切な話をしようとすると途中で席を立ってしまう心理状態と二人の関係性について考えてみましょう。④
□ 二人の関係を肯定的にリフレームしてみましょう。⑤
□ この二人の「家族神話**」を見立ててみましょう。⑥

[解説]

【設問①】　Bは、娘のCを前夫からの性的被害から守れなかったことへの罪悪感を強く持っていた。また、それは、源家族で異母姉たちが叔父からの性的被害を受けたことを思い起こさせるものであり、さらに罪悪感と自責の念をかりたてられることとなった。さらに、Bの家族は糖尿病という病を持っていたために、いずれわが娘Cにもこの病気を背負わせてしまうかもしれないという負い目も「甘やかしすぎ」につながっていることが推測できる。

【設問②】　Aが子ども嫌いになった背景には、父方母方の祖母がいずれも子どもの出産で命を落としていることと無関係ではないであろう。Aの源家族は悲しみの感情を家族内で共有して喪の作業をおこなえていたとは到底思えず、祖母の死の悲しみや痛みは無意識に抑圧され、未解決のまま「子ども嫌い（子どもに対する恨み）」としてAに世代間伝達されている可能性が高い。また、Bと娘Cの親密な関係を見た時に、A自らが自分の子どもと情緒的遮断してきた過去や抑圧した感情を刺激されることとなり、「甘やかしすぎである」とB

を非難することにつながったと考えられる。

【設問③】　糖尿病と深く関連していることがうかがえる。Bの源家族は糖尿病を抱えてきた。糖尿病は食事、運動、投薬など生活面でコントロールを失うと、病気の悪化、死につながる。すなわち、「コントロールを失うこと」は、Bにとっては「いのちに関わる恐怖」となっていることがうかがえる。そのため、大切な存在であればあるほど、Bの中にコントロール欲求が強く出てくる傾向があることを示している。それが「過干渉」につながっている可能性が高い。

【設問④】　源家族で怒号のなかで育ったAは怒り以外の感情を表現する術を身に付けていない。よって、怒りの下に隠された感情を表現することが苦手である。一方、Bは弁が立つタイプで、話し合いを続けると弁の立つBに負けてしまいそうになり、怒りをBに向けてしまう恐れを抱えていた。Aが怒りをBに向けてしまわないように、Bと物理的に距離をとる（たとえば、席を立つ）ことによって対処していたことがうかがえる。

【設問⑤】　Aが葛藤を抱えた時に席を立ってしまうのは、Aの「源家族での傷つき体験をBに味わわせたくない」という思いと共に「今後ともBと関係を続けたいという思いの表れ」であるとリフレームできるだろう。また一方で、BにとってAは「大切な存在であるからこそ、過干渉になっている」とリフレームできる。

【設問⑥】　それぞれの源家族からの未解決の課題と、再婚カップルとしての課題も抱えていると考えられる。Aは「弱みを見せると負け」という家族神話を持っていたことがうかがえる。そのために悲しみや傷つきなどの弱さにつながる感情が表現できないという困難を抱えていた。また、祖父母らが閉塞感を感じて農村部を離れ都市部に移住したことは、「葛藤に直面したら情緒的遮断する」傾向を世代間伝達してきた可能性があることがうかがえる。一方で、過去を振り返らず現実的に生きていこうとする力も持っていることを示してい

る。一方で、Aが切り捨て抑圧してきたものを持ち合わせているB
をパートナーとして選んだことは、失われた半面を補償しようとす
る無意識の希求ととらえることも可能であろう。

　一方、Bは「女性はケアする者として全うすべき」という生き方
を諦念とともに家族神話としてもっていたことがうかがえる。一方
で、それが「犠牲者のポジションをとりながら、相手の罪悪感を刺
激することで巧みにコントロールする」ことにつながっており、時
にAを辟易とする気分に追いやっていることもうかがえた。

　このカップルは、それぞれに脆弱性を抱えながら、自分にはない
ものをもつ相手に魅力を感じて惹かれあっている。それは、お互い
が抑圧あるいは情緒的遮断をしてきたものを持ち合わせているから
ともいえる。そのため、相手の存在を認めることは、自分自身の失
われた半身（シャドー）を受け止める心の作業につながることを理解
するのが大切であろう。また同時に、再婚カップルが新たな家族を
形成していくための課題に取り組んでいるという理解も大切である。

　カップルセラピーにおいて場合、個人の内的な課題を扱う個人療
法の視点と、カップルの関係性（システム）を扱う家族療法の視点、
そして、源家族の歴史を扱う多世代的視点も重要となる。ジェノグ
ラムは、これらを統合的に理解するために役立つツールとなる。

　＊　ここではFamily of Originという原語を忠実に訳すとともに、家族をリソース（資源）
　　としてとらえる家族療法の考えも反映し、「原」ではなく、「源」を用い「源家族」と
　　表記する。
　＊＊　家族神話とは、多世代にわたり家族の中で形成・伝達されてきた意識的、無意識的な
　　物語。その人の価値観に深く影響を与えている。

ソリューションとナラティヴ

教育分野　　　　　　　　　　　　　　　　　　　　　三谷聖也

　ソリューション・フォーカスト・アプローチ〔以下、SFA〕とは、家族療法から派生したアプローチであり、ソリューション（解決）を質問や対話を通して構築していくアプローチである〔De Jong & Insoo, 1997〕。私たちは問題が起こると、原因を探り問題を小さくしようと発想しがちであるが、SFAでは問題の原因を探ることをあえてせず、問題が起こっていない時（例外）に焦点を当てていく。未経験の介入課題をクライエントに求めることをせず既解決を拡張するため、比較的、非侵襲的な心理支援が可能である。

　一方、ナラティヴは、近年では個人療法家も支援に取り入れているが、元来、家族療法の自己批判から生まれた家族療法の新展開として理解することが有益である。ナラティヴの実践では語りが「図」として前面に出ているが、問題の捉え方の変遷過程を「地」として理解しておくことも重要である。旧来は機能不全を来したシステムが問題を作ると考えられてきたが、「問題がシステムを作る」〔Anderson, 1997〕というコペルニクス的転回はとりわけチーム支援において有用である。本稿ではSFAとナラティヴの実践をするスクールカウンセラー〔以下、SC〕の仮想事例を提示し、その面接を多方面から振り返っていく。

1. 発達障害が疑われるA君の事例

　集中力がなくトラブルが絶えない小学5年生のA君のことで若手の担任は困っており、A君の保護者と面接をおこなうことにした。同

校にSCとして勤務する公認心理師は急きょ、その面接への同席を求められた。A君には発達障害の可能性があり、心理の専門家の立場から見立て、保護者に助言をしてほしいとのことであった。

【担任】　授業への集中が続かず席を立つことや、友達とのトラブルも多く、困っています。

【保護者】　うちの子がご迷惑をおかけしたようで、すみません。

【担任】　友達とのトラブルは今年に入ってもう5回目ですよ。

【保護者】　それは本当に申し訳ありません。

【担任】　A君には発達障害の可能性があるかもしれません。本日は本校のSCにも同席を願い、助言をいただこうかと思っております。いい病院など紹介してもらえればと。

【保護者】　私は病院に行くレベルではないと思っています。診断には抵抗がありまして。

【SC】　そうですね、まずはお母さまのお話もうかがってから。いくつかの質問を、よろしいでしょうか？　お家では、注意力や集中力が気になるようなことはございますか？

【保護者】　最近はそのようなことはないですね。

【SC】　最近はないとのことですが、これまでご家庭ではどのような工夫をされてきたのですか？　ご家庭での工夫などがあれば、ぜひお聞かせいただけないでしょうか。

【保護者】　そうですね、以前は話を最後まで聞かないで早合点していましたが、最近は伝える前に『私の目を見て』と言ってから聞かせています。トラブル直後だと聞く耳を持たないのですが、少し冷静になってから『あの時にどんな気持ちだったの』と尋ねるとよいですね。

【SC】　どうやってそのような方法を見つけることができたのですか？

【保護者】　うちの子にも参考になるかもしれないと本を読んで勉強を

してみたんです。

【SC】　支援情報があふれているなかでＡ君に有効な方法を見つけられたのはさすがですね。

【教師】　私もそう思います。学校でもぜひ参考にさせてください。病院受診の前にできることがまだありそうですね。もう少し教えていただいてもよろしいでしょうか。

［設問］

□ 治療構造はこれでよかったか、ほかに選択すべき構造があるか、考えてみましょう。

□ ターニングポイントとなった質問はどれでしょうか？　またその理由を述べてください。

□ もし保護者が家でも困り果てていると答えたとしたら、どうしたらよいでしょうか？

［解説］

　本事例では、保護者の同意が得られていない未契約の段階で担任に促されるままに面接を開始してしまっている。予告なくSCが同席していたことで保護者に戸惑いを与え、SCに不信感を抱かせてしまった可能性もある。SFAでは面接開始前に問題と来談者との関係の査定から始める。具体的には「①自分の問題で自分が困っている」「②他人の問題で自分が困っている」「③他人が自分の問題で困っている」の3パターンで見立て、面接への動機づけの高さを①＞②＞③で捉える。本事例では担任は②、保護者は③の変形と見なすことができるため、動機付けが低い保護者の面接を無理に設定するよりも、まずSCによる担任へのコンサルテーションを実施しておいてもよかったのではないだろうか。それでも解決しない場合に、保護者に事前に了解をとったうえで同席するという対応になるだろう。

　ターニングポイントとなった質問は《お家では、注意力や集中力

が気になるようなことはございますか?》である。それまで担任は保護者を問題を起こした児童の責任者として見なし、葛藤が生じていたが、この質問により学校と家庭が連携をしていく新たな物語が生成されたからである。ナラティヴの実践では「問題がシステムを作る」と発想する。問題が起こるとそれを解決しようと関係者が集まり、支援システムが形成されると考える。問題が共有される前はこの問題を解決しようと担任だけが孤軍奮闘していた。問題が共有されたことにより、学校と家庭が連携して問題を解決しようとする上位の支援システムが形成されたのである。それに続く《ご家庭ではどのような工夫をされてきたのですか?》という質問もまた意義があった。学校で困っていて家庭では困っていない時、たいていの場合、学校での問題の語りを拡げてしまう。そうするとかえって両者の温度差を拡大しまう。家庭での例外の語りに焦点を当て共有したことは連携において意義があった。

　最後に、もし保護者が家でも困り果てていると答えたらどうしたらよいか、を考えてみよう。学校でも家庭でも困り果てていることを確認した場合、起こりやすい悪循環の一つに、「学校での配慮が足りないのが問題だ」「家庭で甘やかしているのが問題だ」という二つの語りが衝突しエスカレートしてしまうことがあげられる。こうした展開は避けなければならない。ここでSCは、学校でも家庭でも最大限やっていると各々の解決努力を認めつつ、学校＋家庭という上位の支援システムの力を持ってしても解決が困難である、という事実を両者が共有できるように話を整理しておくとよいだろう。そうすると今度は、医療機関などの学校外の力を借りてみるのはどうだろうか、という語りが導かれやすくなってくるのである。

　一見するとSFAやナラティヴには手順をまとめたアルゴリズムが存在するように思われるが、そうではない。実際は「例外は常に起こっている」「問題がシステムを作る」という前提を持ちながら、目

の前のクライエントとの唯一無二の対話を重視しているのである。

文　献

Anderson, H. (1997). Conversation, Language, and Possibilities: A Postmodern Approach to Therapy. Basic Books.　野村直樹・吉川悟・青木義子（訳）(2011)『会話・言語・そして可能性——コラボレイティブとは？セラピーとは？』金剛出版.

De Jong, P. & Berg, I.K. (1997). Interviewing for Solutions. Pacific Grove, Calif.Brooks/Cole.　桐田弘江・玉真慎子・住谷裕子（訳）(2016)『解決のための面接技法「第4版」——ソリューション・フォーカストアプローチの手引き』金剛出版.

非行臨床における家庭の問題

司法・犯罪分野　　　　　　　　　　　　　　　　　　　　村尾泰弘

1. 事例：相談室を訪れようとしない非行少年

　非行少年の援助要請の心理は複雑である。一般的に非行少年は何らかの悩み事を持っているにもかかわらず、自主的に相談室のドアを叩こうとしないからである。そのため、家族へのかかわりが有効となることが多い。

　この事例はまず母親が一人で相談室を訪れたところから始まる。母親は中2の息子（A、14歳）のことでやってきた。1ヵ月ほど前に万引きで捕まったというのである。警察官からは家庭裁判所から呼び出しがあるだろうと言われた。カウンセラーが、Aの生活状況を尋ねると、最近は再び非行傾向のある仲間と夜、遊び歩くようになったという。さすがに警察に捕まり、取り調べを受けた時は神妙な面持ちをしていたが、警察などでの取り調べも終わり、一段落つくと、徐々に元の生活に戻り始めた。再び非行傾向のある仲間と夜、遊び歩くようになったという。

　カウンセラーが《一度、本人と会ってみたいので、来週のこの時間に、本人を連れてきてもらえないか》と求めると、母親は同意して帰宅した。

　しかし、1週間後、母親は一人で現れた。『本人はどうしても来ない』というのである。

　このように、一般的に非行少年は相談室やカウンセラーのもとに自主的に現れないものである。そこをどうするかがケース開始時の最大の課題である。

カウンセラーはＡの生活状況を細かく聞き、まだ非行の進展は進んでいないと理解した。そして、母親に《今はあまり干渉的になるのではなく、見守ることにしましょう。警察官が家庭裁判所から呼び出しがあると言ったんですよね。ではそれを待ちましょう》とアドバイスした。過干渉はかえってＡの反発を呼び、行動が悪化すると考えたのである。

少年事件では、14歳になると、犯罪事件は、すべて家庭裁判所に事件送致される。そうすると、原則として家庭裁判所調査官からの呼び出しがある。

1週間後、母親は家庭裁判所調査官〔以下、調査官〕からの呼び出しが来たといって、相談室を訪れた。カウンセラーが《本人は不安がっていますか?》と問うと、『不安がっている』とのことだった。

《この呼び出しを最大限、活かしましょう。家裁への呼び出しは2週間後ですね。では、この調査官の面接をどう乗り切るか、本人とよく相談してみてください。そして、私がきっと役に立つアドバイスをするから、といって本人を来週、連れてきてください》。

これが作戦なのである。Ａは不安感から、きっと筆者を訪れると予想した。

1週間後、思ったとおり、母親と一緒にＡはやってきた。思惑は的中した。

Ａは、初めての家裁呼び出しに不安を隠せなかった。

カウンセラーは、この事件の動機や経緯を尋ねた。Ａは『この事件の日は、学校で話が盛り上がって、度胸試しに万引きをやろうって話になって……』と言い、そのあと、言葉を濁した。

《君は万引きを言い出した方なのかな。それとも、付き合いでやった方なのかな》と聞くと、『付き合いでやった』と述べた。

『本当はそれほどやりたくなかったけど、やりたくないというと、仲間外れにされそうで、それで付き合ったんだ』〔A〕。

この仲間グループは、一人を除いて、非行性はそれほど進んでいないようだった。

カウンセラーは《この事件で捕まった後、生活を改めたところはあるかな?》と尋ねてみると、『午後7時までに家に帰るようにしていた』とＡは答えた。

すかさず母親が『でも、最近はまたまた11時ころに帰ってるじゃない』と横から口を挟むと、『それはそうだけど、かなり改めてた。Ｂ(万引きをよくおこなっている少年)の家は夜、親が働いていて家にいないんだ。それで先輩も来るし、ついつい長く居てしまうんだ……』という。

カウンセラーが《調査官は生活がどうなっているか尋ねるよ。この事件を起こした時とその後、両方を聞かれると思うよ。この事件の後、生活をどれくらい改めたかが大きなポイントになると思う。つまり、どれだけ反省できたかということだよ》とアドバイスし、《来週、ここに来ることができるかな。ご両親と一緒に、調査官にどういうふうに答えるかよく相談してきてほしいんだ。そして、その結果を教えてほしい》というと、Ａは『わかった』と言って帰っていった。

このようにして、家裁から呼ばれているという不安をうまく利用して、カウンセリングの場に引き出すのだ。そして、面接に来るようになれば、この少年の内面にかかわることができる。

この少年Ａは、調査官の面接の結果、「審判不開始」という結果で終わった。すなわち、調査官の面接だけで、裁判官と会う「審判」というものを開かずに終わりになったのだ。最も軽い決定である。

このようにして家裁の事件は終結したが、その後も、定期的にＡは相談室を訪れるようになった。カウンセラーに話を聞いてもらいたいという気持ちが強まったのだ。Ａは過干渉な母親が嫌で、「つっぱる」ようになったという。父親は仕事人間で家庭のことには背を

向けがちである。母親はいつも父親のことを非難している。家のなかは悪い展開をしている。Aは『家族に自分の思いを話したい』というので、筆者は、父・母・Aを集めたセッションを計画し、家族療法的なアプローチへとケースを進めていったのである。

この少年の家族構成は、父親、母親、Aの3人家族。3人の家族を一堂に集めてセッションを3回おこなった。

Aは、父親は家庭で影が薄いという。母親はいわゆる過保護・過干渉で、家の中を支配している。Aがいうには『母親は自分を子ども扱いする』ということになる。

カウンセラーが父母と話をしてみると、たしかにAのいうことがよくわかった。両親から話を聞きたいのに、母親がひとりで話をするのである。そして、横にいる父親をさかんに非難し始めた。

『だいたいこういうこと（非行）には父親の対応が必要なのに、このひとは単身赴任で家にいない。単身赴任の前は、仕事仕事で帰りは遅い……相談しても、なまくらな返事をするだけで、ちっとも頼りにならないんです。結局、私が一人で悩んできたんです』。父親は母親から一方的に責められるばかりで、母親の前では、特に発言がない。父親の話も聞いてみたかったので、母親に部屋を出てもらうと、父親はそれなりの弁解を語った。

『家に居場所がないんですね』と、しみじみ語ったのだ。

この家族の問題は具体的にどのように考えればよいのだろうか。

【設問】
□ 非行少年の援助要請の特殊性について述べてください。
□ この事例の家族の特徴を考えてみましょう。
□ このケースの家族療法の実際を検討してみましょう。

2.解説:非行を生み出す家庭内の悪循環——強い母親の孤立という悲劇

Aの家庭では、母親が強くて支配的な存在と受け止められがちである。しかし、実際は、母親は決して強くはない。むしろ不安で孤立しているのである。

母親は父親のことを「頼りにならない」「相談のしがいがない」などと責め、拒絶するようになった。そのために母親はますます家庭のなかで支配的にならざるを得なくなったのだが、その一方で母親は心理的にはますます不安定になっていったことに注目したい。

母親は、父親が「頼りにならない」ために、父親を拒絶して家庭外に排除していく。このことは、逆に母親の孤立を深め、内面的な支えを失うことにほかならない。

母親はいっそう支配的となるが、内面的な不安定さは増大する。母親は不安定さを補償しようとして、ますます子どもを支配下に取り込み過干渉に接する。少年は、この母親の過干渉を拒否して非行に走る。図示すると次のようになる。

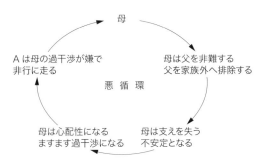

図1　非行をめぐる悪循環

カウンセラーとの面接のなかで、父母はこの悪循環に自ら気付き、家族関係は改善されていった。父は『もっと家庭のことに関わるべ

きだった』と反省し、母親も自分の姿勢を改めた。興味深いことに、母親は『私は逆をやっていたのですね』と述べた。つまり、父親は面倒な問題が持ち上がると、仕事という名目で家庭外へ逃げようとした。それに業を煮やした母親は『その背中を押した』『本当は、父親を家庭に引っ張り込まなくてはいけなかったのですね』と語ったのである。この言葉が印象的だった。

　この事例の家族セッションにおいては、父母の連携、つまり親（夫婦）サブシステムの強化とＡの自己決定を尊重する家族の姿勢を強化することが目標になった。具体的には、《たまにはご両親水入らずで旅行に行かれたらどうでしょう》などという提案（夫婦連合の強化・世代間境界の形成）をしたり、セッションのなかでともすれば母親がＡに指示的なるので、カウンセラーはその会話をブロックし、まずはＡの意見を話してもらい、そのうえで、あらためて父母からの意見を述べてもらったりする。つまり、Ａが自分の意見を積極的に述べ、父母がそれを検討し、家族としての意思決定をするという家族コミュニケーションシステムの形成に努めたのである。

第 2 章

グループ・アプローチ

精神科デイケア

保健医療分野　　　　　　　　　　　　　　　　　　　　髙松真理

　心理支援者の依って立つ理論は多岐にわたる。そのなかで本論は、公認心理師が他職種との連携で独自性を発揮するためには、「心理的見立て」そして敢えて介入しないという選択も含む「介入技法」をスキルアップさせることが必須であろうと考える立場から記した。この点あらかじめご了承いただきたい。

1. 事　例

　精神科デイケア〔以下、DC〕での一場面。本日木曜日の担当スタッフは公認心理師Pと看護師Q、プログラムは「創作活動」となっており、現在は活動室の飾り棚を木工で作っている。参加メンバー*とスタッフは定時に集合し朝のミーティング後作業室に移動、スタッフはメンバーの間に入るように距離を置いて座り、会話や活動を共にしながら各メンバーが安心してこの場を過ごせているかとさり気なく目配りをしている。

　本日の参加は、黙々と作業をするAさん（20代女性、統合失調症）、会話を楽しみながら手を動かすBさんとCさん、手は出さず他のメンバーへの指図が専らのDさん（50代男性、うつ病）、離れて座り本を読んだり皆の姿に目をやったりしているEさん（30代男性、統合失調症、病棟からの体験参加）、皆への配慮を怠らないFさんの6名である。

　開始後20分ほどして、突然Dさんが声を荒げた。『E君、君はさっきからそんなところに座って本ばかり読んでる。今は木工をする時

間だよ！　さぼっていちゃだめじゃないか!!』。続けてスタッフに向かい、『P先生もQさんもなんで注意しないんですか?!　だいたい二人ともE君に甘すぎるんですよ！』。──それまで和やかであったグループに一気に緊張が走り、Aさんは脅えたような表情で身体を硬直させた。

［設問］

□ この場を治療的なものにしたいというスタッフの思いが伺われる箇所を抽出してみましょう。

□ Dさんの怒り、そして場面全体に生じた緊張に対するスタッフの介入を検討してみましょう。

---

2. 解　説

精神科DCは「居場所の機能を内包した集団を用いた外来治療」である〔原, 2016〕。この定義は当然のことのように思われるかもしれないが、実際には「居場所」に重きを置き、「治療」を忘れたかのように見えるDCも稀ではない。総じて入院患者よりも心理的・社会的機能の高さを示す外来患者が対象であるDCでは、「自主性の尊重」という言葉の曲解にもよって、スタッフがすべき対応を見失いがちになる危険性も存在する。いっぽう古屋〔2018〕は、今後DCが生き残るためには「障害者福祉サービスと異なるリハビリテーション機能と治療実績を示」す必要があると述べた。本稿では、これらの視点を元に、福祉サービスとは一線を画する「治療プログラムとしての」DCを想定し、そこでの公認心理師の役割を考えていく。

［ひとつ目の設問に関して］　集団療法家がまず心掛けるべきことは、場への安全感・安心感の提供である。そうであれば、参加患者の安

全感の源泉となるべきスタッフが固まって場に存在することは望ましくない。また、あえて控える場合を除き**）、言語的・非言語的に居心地の悪さを示している患者に対する支持的な声掛けが必須となることは、言うまでもない。

　一方、DCはリハビリテーション機能も有するため、スタッフが少しずつ「黒子」となっていくあり方も同時に求められる。ここでは、メンバーは保護されるのみならず、自身の判断と責任で動ける場面が増えていくことも推奨されるからである。この特性から、DCではスタッフがメンバーと「共に楽しむ」姿勢が他に増して要請される。

　このようにDC場面でのスタッフは、「その場の最終責任を負いながらしかし黒子になっていく」という、一見矛盾する役割を同時に果たす必要がある。

[ふたつ目の設問に関して]　集団療法場面でスタッフがしばしば苦慮するのは、参加患者間の不和状態への介入である。どちらか（誰か）の言動の否定は治療的介入とはなり得ない。むろん事例でのDさんに対し《あなたも口ばかり出して何もしていないじゃない》などとここぞとばかりに非難を浴びせるのは論外である。とは言え、DさんのEさんへの攻撃は何とか制止したい……こういった場面でも、スタッフが「心理的見立て」に基づく各メンバーの課題を認識しておくことは非常に有用となる。

　精神科患者の治療課題とそこへの介入にはいくつかの段階があり〔髙松, 1995〕、殊にDCではその課題の幅広さゆえに特異的な難しさが存在する。すなわち、原〔2018〕が述べた如くDCの機能には「中断・再発の防止、仲間を作る場の提供、QOLの改善、社会参加、学びの場など様々な要素が入り混じっており」、付言するならばまだ容易に症状再燃が起こり得る時期の患者もその対象となり得ることから、「こ

の場は安全である」と思える体験の提供が最優先される場面も存在するのである。このように、対象患者の自我水準と環境状況、そしてそれに伴う治療課題が異なってくれば、スタッフの対応もそれに応じて異なり、さらに場合によっては、それらを一つの集団のなかで実行する必要も生じてくる。

　紙幅の都合上、Ｄさんの課題に資する介入の検討は割愛するが、ここで推奨できる工夫のひとつは、Ｄさんに「協力を仰ぎ」「二者を繋ぐ」ことである。Ｅさんの行動は、外界に対する安全感と安心感がまだ育っていないためであり、必要なのは「この場にいても自分は脅かされない」という体験であると見立てることができる。この理解に立ち、スタッフがコンバーターあるいは翻訳者として患者間を繋ぐことを心掛ければ、スタッフには例えば《Ｅさん、まだ来始めたばかりでこの場にいることで精一杯よね？　だからまずは、ともかくここで過ごせることが大切だと思うの。Ｄさんも協力してくれない?》といった介入のアイデアが浮かぶ。この介入により期待できることは、Ｄさんは"自分の言動を封じ込められる"という否定的な体験をすることなく、むしろ主体的にＥさんに配慮的であろうとし、またその場面を見ている他患者、そして場面全体への安定感をもたらすことである。

3. おわりに

　参加患者の自我水準の幅広さにより、おそらくＤＣスタッフは他のどの場面におけるよりも多岐にわたる機能を求められる。であればこそ、ここでも公認心理師は「心理的見立て」と「介入技法」を磨くことで、その専門性を高めることが求められるものと考えられる。

* 精神科デイケアでは、参加患者のことを「メンバー」と呼ぶことが多い。

** 当該メンバーの目的として独力での課題解決体験を本人と共有している場合など。

文　献

古屋龍太 (2018).「精神科デイケアはどこに向かうのか——診療報酬の減産化と障害
　福祉サービスとの競合・再編の中で」精神医療89, 3-9.

原敬造 (2016).「Q1デイケアについて教えてください」日本デイケア学会 (編)『新・
　精神科デイケア Q&A』中央法規, p.10.

原 敬造 (2018).「精神科デイケアの行方」精神医療89, 81-91.

髙松真理 (1995).「情緒発達の程度に応じた治療的介入の違いについて——分裂病者
　を対象とする四つの集団精神療法を素材に」心理臨床学研究13, 121-132.

被害者支援グループ

司法・犯罪分野　　　　　　　　　　　　　　　　　　高松 里

　司法領域においては長いあいだ、「被害者」の位置づけは曖昧であり、その支援は不十分であった。2004年に「犯罪被害者等基本法」が制定され、被害者も刑事事件に関与できるようになり、意見を述べることができるようになった。また、地域社会においては警察が中心となって、被害者からの相談を受ける体制が作られていった。

　しかし、被害者の苦悩は、司法手続が終わり判決が出たから終わり、というわけにはいかない。刑事裁判で加害者に重い刑が科されても、亡くなった人や、失った時間、将来への希望などが戻ってくるわけではない。民事裁判で慰謝料をもらえたからといって、お金でこころが慰められるわけでもない。終わりのない苦しみが生涯続くこともあり得る。

　したがって、被害者支援は息の長いものでなければならない。5年、10年、20年続くと考えておいた方がよい。そして、支援の終わりは被害者自身が決める。つまり、被害者が支援を必要としている限り、支援は続くべきである。

　支援の方法は、被害者がどのような時期にあるのかによって変わってくる。事件が起きた直後には、身体的・心理的・物理的な安全を確保することが最優先される。警察との協力が必要となるが、調書の作成なども被害者にとっては負担が大きい。その後の裁判などにもサポートが必要である。

　司法・犯罪領域で働く公認心理師は、被害者と面接をおこない、混乱した気持ちを聞き、これからどうなるかについてのガイダンスをおこなう。警察・裁判所・弁護士事務所などに同行することもあ

るだろう。しかし実際には、このような事件当初のサポートは比較的短期間に終わる。問題なのはその後の長期にわたる支援である。

長期間の支援については、グループ・アプローチはきわめて有効である。実際に、被害に遭った当事者が実施するセルフヘルプ・グループが各地で開かれている。公認心理師はセルフヘルプ・グループについての情報を被害者に伝えることができるが、必要に応じて公認心理師自身が「サポート・グループ」を実施することもできる。

サポート・グループとは「特定の悩みや障害を持つ人たちを対象に行われる小グループのことである。その目的は，参加者が抱えている問題を仲間のサポートや専門家の助言を受けながら，問題と折り合いをつけながら生きていくことである。専門家あるいは当事者以外の人びとによって開設・維持されるが，参加者の自主性・自発性が重視される相互援助グループである」〔高松, 2009〕とされる。セルフヘルプ・グループと援助機能は似ているが、主催が専門家であるという点で異なっている。

仮想事例──犯罪被害者のためのサポート・グループ

グループの対象者は、犯罪被害に遭って親しい人（家族や友人）を亡くした人たちである。グループの目的としては、被害に遭った人々が出会い、支え合う関係を基に、自分の経験を語ることにある。

スタッフは「犯罪被害者支援センター」の公認心理師二人である。二人はまず、会の名称や目的、ルール、グループ運営の方法などを決めていった。その結果、月1回土曜日の午後1時から3時までのサポート・グループを開始することにした。1クールを1年間（12回）とし、その後継続するかどうかはその時点で決めることにした。参加の予約は不要であり、犯罪被害で親しい人を亡くした人であれば、誰でも自由に参加できる。名前を名乗る必要はなく、ニックネーム

で呼び合う。参加費は無料である。

　チラシを作成し、ホームページやSNSで広報をおこなった。しかし、第1回目に来てくれたのは、前から知っている被害者の男性Aさんだけであった。他の参加者はなく、スタッフは少しがっかりしたが、Aさんの話を初めてゆっくり聞く機会となった。Aさんは、犯罪被害に遭って娘さんを亡くしている。もう20年近く経っているが、昨日のことのように覚えているという。ゆっくり話したAさんも喜んでくれて、知り合いに声を掛けてくれることになった。

　1ヵ月後の第2回目は、AさんがBさんという女性を連れてきてくれた。メンバーが2名となって、グループらしくなった。Bさんは息子さんを交通事故で亡くしたのだが、まだ1年も経っていない。Bさんは、何とか話そうとするのだが、涙があふれてうまく話せない。Aさんがときどき助け船を出して『自分も話すのに何年もかかった』と語った。結局、その日Bさんは少しだけ話して、Aさんがまた自分の経験を話した。

　第3回目以降、少しずつ人数が増えた。被害に遭って間がない人も来たし、40年近く経った人も来た。一人の人の話が止まらなくなり、1時間くらいみんな泣きながら話を聞いたこともあった。

　グループは1クールを終わり、現在は3クール目に入っている。人数は10人くらいの時もあるし、1〜2名の参加者しかいない時もある。スタッフは最初緊張していたが、今では、話を聞いたり、自分の経験を話したりして、自然な雰囲気で居られるようになった。

[設問]

□ セルフヘルプ・グループとサポート・グループの違いは何でしょうか？①

□ 犯罪被害者を支援するグループにおいて、スタッフが気を付けること

は何でしょうか？②

□ スタッフはどの位自分の経験を話すと良いでしょうか？③

[解説]

【設問①】二つのグループとも目的は、当事者同士が出会い、お互いの経験を語ることである。よく似ているが、セルフヘルプ・グループは当事者のみによって運営されている。当事者が自力で活動することで、「自分たちは決して無力ではない」「自分にも何か社会に貢献できる」という感覚が生まれる。そういうメリットがある一方で、グループの運営のすべてを当事者に委ねることは、時には過剰な負担をかけかねない。たくさんの人と対応するなかで、スタッフが疲れてしまったり、精神状態が悪くなる人もいるだろう。

　サポート・グループは専門家によって運営される。グループについての専門知識もあり、何かあったときには専門家としての介入も可能となる。サポート・グループのメリットは、a) 専門家が関わることによりグループの展開をコントロールできる、b) グループの責任の所在が明確である、c) メンバー間の平等性を確保しやすい、d) グループでの知見の公開および蓄積ができる、などである〔高松, 2017〕。

　デメリットとしては、専門家が時に「回復してほしい」「変化してほしい」と思いすぎる点である。メンバーにはたくさん話してほしい、グループで良い経験をしてほしい、なるべく早く元気になってほしいと思っていると、メンバーに無理をさせることが起きやすい。何も話さないで帰る人にも、それなりの意味があることが多い。

【設問②】人により、回復の時間が違うということを常に頭に置く。30年前の話を1週間前のことのように話す人もいる。時間が止まっているように見える人がいるが、それを無理に急がせないことが大事である。グループに参加しながら、少しずつでも言語化ができてく

ると、時間がゆっくりと動き出すことが多い。しかし、それは問題と直面するという辛い作業でもある。そのペースはあくまでメンバーに委ねる。

【設問③】サポート・グループを運営する公認心理師も、参加者と同じような経験を持っていることがある。専門家は自分の経験を話すべきではないという立場もあるが、被害者支援においては、公認心理師自身の経験を話すことがメンバーの助けになることがしばしばある。ただしそのためには、グループ開始以前に、公認心理師自身の経験を振り返り、語る場を持っていることが望ましい。

文　献
高松里（編）(2009).『サポート・グループの実践と展開』金剛出版.
高松里 (2017).「サポート・グループ」臨床心理学17(4), 516-517.

復職支援グループ

産業・労働分野　　　　　　　　　　　　　　　　　　　　　前場康介

1. 事例（架空）の概要

　医療機器メーカーの営業職である30代男性〔以下、A〕は、X年4月に地方営業所から、社内でもトップの売上を誇る都内エリアの営業所へ異動となった。Aは営業としては優秀であったが、地域性や所属する営業グループの方針の違いに戸惑いを感じていた。営業所長からの圧力は強く、成績の振るわない者は朝のミーティングで名指しで叱責される。Aは思うように契約が取れず、異動した年の夏頃からこれまでにない焦りと疲労を感じるようになっていた。

　10月、夏頃に受検したストレスチェックで「高ストレス者」と判定された。産業医面談の勧奨があったが、申し込まなかった。同月後半から、業務上のミスで取引先から苦情が入るなどのトラブルが生じ始める。自分でも思うように頭が回らず、作業が追い付かなくなっていた。この頃から頭痛がひどく突発休をとる日が出てきた。

　その様子を心配した上司に勧められ、会社契約先であるEAP機関の相談室に来談した。担当カウンセラーとなった公認心理師〔以下、B〕はAから状況を聞き、心療内科の受診を勧めた。受診の結果、うつ病の診断で医師より1ヵ月の休職診断書が出され、Aは迷いがありつつも了承した。休職当初は、職場への申し訳なさや復職後の不安などが頭をめぐりふさぎがちとなっていたが、その後、頭痛が出なくなるなどの改善がみられた。

　X年12月、Aは『最近やっと、今の自分では職場にはとても行けないと実感するようになった』と話す。その後、主治医やBと相談

しながら図書館通いなどを続けていたＡに、産業医面談で『リワークを利用してはどうか』との話があった。Ｂからも《リワークでリズムを作れれば自信になる》と背中を押され、参加となった。

2. リワークプログラムの構造および経過

　Ａが参加したリワークプログラム [以下、リワーク] のスケジュールは、▶4-124〜128
【表1】のとおりである。プログラムには、リラクセーションや対人関係技能トレーニング、認知行動療法などさまざまなものが含まれる。▶2-36〜50

表1　リワークプログラムの参加スケジュール

参加スケジュール	参加曜日	期間	午前(10:00-12:30)	午後(13:30-15:00)
STEP1	月・水・金	1週間	○	―
STEP2	月〜金	1週間	●	―
STEP3	月〜金 午後:月・水・金	2週間	●	○
STEP4	月〜金	4週間	●	●

　開始後、STEP 2に入ると週5日の参加となり、Ａも少し疲れを感じてきた。自宅療養とは違い、朝から電車に乗り、他のメンバーがいる空間で時間を過ごす負担を感じていた。一方で、メンバー同士で話す機会が増え、事情や所属は違っても「心身の不調により仕事から離れざるを得なかった」という共通点を感じ、「自分だけではない」と安心感を得ることができた。プログラムのなかで、職場側への要望の伝え方や復職後の対策について情報交換できることも役に立った。なかには気の合わないメンバーが居てストレスもあったが、Ｂから《付き合い方やストレス対処のトレーニングだと思って、その人と関わってみてはどうか》と提案され、意識が変わった。▶2-38/4-20

　リワークも終盤になると、主治医から復職可の診断書を受け取り、人事担当者へ連絡したり、産業医面談のなかでリハビリ勤務に向けた確認・相談へ行くという動きが出てきた。リハビリ勤務が開始さ

れた後も、フォローのためにBのカウンセリングを継続した。

　リハビリ勤務の第1週目の週末に来談したAは『初日の前日はあまり眠れず朝を迎え、早めに職場近くへ到着してひどく緊張した。午前中だけなのにリワークよりずっと疲れる。でも、3日目くらいから少し同僚と話せる機会があったりして、席に居るのがいくらか楽になってきた』と話した。

[設問]
□リワーク導入時、アセスメントすべきポイントを検討しましょう。
□あなたが担当カウンセラーとなった場合、その方法と留意点は？

[解説]

　リワークは、自宅療養から職場復帰に至るまでの、まさに橋渡しのような機能をもつ。

　導入時においてアセスメントをおこなうべきポイントは多岐にわたる。例えば、起床時間や外での活動といった生活リズムの程度や、他者とのコミュニケーションの能力、家族をはじめとするサポート資源の有無などが挙げられる。また、症状や服薬の状況、リワークへの参加に係る主治医の許可を含む医学的側面、事業場との関係性および連絡頻度、復帰予定日などについても把握する。これらの点は、可能な限りにおいて主治医や人事担当者に確認をとりながらおこなっていく必要がある。このような多面的側面を評価するための指標も開発されている〔例えば秋山, 2009〕。また、本人のリワークへの参加意思の程度や、リワークにおいて達成すべき目的について、導入段階で明確にしておくことが重要である。そうすることで、公認心理師としての支援方針や留意点がよりはっきりと見えてくる。

　実施機関や構造によってその形態はさまざまであるが、リワーク参加に並行して定期的な面接をおこなえることが望ましい。自助努

力によって生活リズムや体調が回復していたとしても、当然、グループに入り他者と関わることで新たな負担が生まれる。事例におけるＢの関わりのように、そうした負担にどのような意味があるのか、どのように対処していくかを本人とともに考え、復職後に活用できるリソースとなるよう支援していくことが大切である。また、事例にも書いてあるとおり、休職という同じ体験を持つメンバーと気持ちを共有し、さまざまな交流を図ることで、それぞれに気づきや治療効果が生み出され得る。同時に、リワークという「場」そのものがもたらす安心感や所属感もメンバーにとって大きな意味をもつ。しかし、一方でその場が「居心地の良いもの」となりすぎてしまい、リワーク本来の目的が見失われてしまう可能性もある。このような場合、本人とリワーク参加の目的について再度検討し、水路づけのような役割を担う必要も出てくる。

　復職プロセスの各段階に応じて、事業所の人事担当者との連携をおこなうことも、公認心理師の重要な役割となる。開示可能な範囲に留意しながら、現在の本人の様子と復職までのプロセスの詳細（リハビリ勤務の実施や事業場での復帰面談の調整など）について吟味し、スムーズな復職へと結びつけるための調整を適宜おこなう。その際、どのような役割をどの程度まで担うのかについて、留意する必要がある。本人、および本人を取り巻く関係者の果たすべき役割を明確化し、それぞれが最適に機能するよう支援していく姿勢が求められる。

文　献

秋山 剛 (2009).「リワークプログラムを中心とするうつ病の早期発見から職場復帰に至る包括的治療に関する研究」『厚生労働科学研究費　こころの健康科学研究事業』

エンカウンター・グループ

地域社会   坂中正義

1. 概　要

　このベーシック・エンカウンター・グループ〔以下、BEG〕は、パーソ[2-54]
ンセンタード・アプローチの実践・教育・研究に関わっている研究
所主催で行われた、3泊4日宿泊形式のプログラムである。募集チラ
シにはこうある——「…何をするかをあらかじめ決めないで、そこ
にいる人間の自発的な『語る／聴く』というやりとりを積み重ねな
がら、お互いを大切に出来るような安全感・信頼感のある場をみん
なでつくっていきます。そんななかで自身や他者とのふれあい・出
会いの体験が期待できるグループ…」。毎年1回秋に山奥の温泉地で
開催され9年目となる。ファシリテーター〔以下、fac.〕はキョウスケとカ
ンコの2名、メンバーはイッペイ、シゲル、キョウコ、ジンイチ、シ
オリ、ユキノ、チリアノの7名である。

2. プロセス

1日目

[オリエンテーション（13時半〜）]　参加動機などをアンケートに記入した
のち、fac. キョウスケからBEGや日程などの説明がある。fac. カン
コから「ここで知り得たことを話した人の了解なしにグループ外に
口外しないこと」という守秘の確認もなされた。

[#1（14時半〜17時）]　fac. キョウスケの『それでは、17時までよろし
くお願いします』の後、しばしの沈黙。初参加のシオリとユキノは

戸惑いながら様子を伺っている。『初めてだと、どうしていいかわからなくて戸惑うよね』とfac.カンコ。シオリとユキノは少しほっとして微笑む。『わしもはじめて参加だから、どうにも居心地が（笑）。ビーフシチュー屋をやっとります』というイッペイを皮切りに、メンバーが自己紹介を始める。シオリ『心理療法家をめざして大学院で勉強しています。BEGがどんなものか、ユキノさんと一緒に申し込みました』。最後まで自己紹介しなかったチリアノにはジンイチが声をかけるも、名前のみでにっこりするだけであった。

[#2（19時半～21時）] 中学教師であるキョウコが、生徒との関わりについての迷いを話す。シゲルやイッペイが質問したり、自分の体験談やそれを踏まえたアドバイス、意見を伝えていた。

2日目

[#3（9時半～12時）] ユキノの心理療法家に向いているのか未だ迷っているという話。イッペイ『若いうちは大いに迷うのがいい』。キョウコ『私は未だに「教師に向いているのか」って、迷っている』。一段落後しばしの沈黙。ジンイチがチリアノに声をかけるも反応は少ない。イッペイ『あんた、何しにここにきたの?』に、チリアノは『話を聴きながら、いろいろと思いを馳せる』と。『わからん。わからんなあ』とイッペイがつぶやく。

[#4（14時～17時）] 30分くらい沈黙。ジンイチ『自分は何しにここにきたのか、思いを馳せていた』から、それぞれがBEGに何を求めているのかということについて、ぽつりぽつりと語られる。fac.キョウスケ『いろいろな想いをもって皆さん参加されている。皆さんの想いをしっかり聴きたいと思っている。今回は特にその大切さを意識している』と。

[#5（19時半～21時）] シゲルが定年ということもあり、自分の歩みを振り返り、今後について語る。シゲルより少し年上のイッペイも老

後の話は他人事ではないこと、心臓が弱く、薬なしでは発作が心配であることを語る。『でも、店が生きがいでまだまだやる気は十分！』とにっこり。20時半頃、キョウコが明日は自由時間がほしいと切り出す。シゲルやイッペイも同意。話し合いの結果、明日の朝は自由時間とし、昼のセッションを少し早めに開始することとした。

3日目

[自由時間]　温泉でゆっくりする人、近場を散歩する人、部屋で寝ている人、旅館にあるギターを奏でている人、さまざまであった。

[#6 (13時～17時)]　午前どう過ごしたかを誰ともなく報告。fac.カンコ『チリアノさんのギターに聴き入っちゃった』。シゲル『私も』。チリアノは多くは語らないが、寂しげな微笑みを浮かべながら、大切な人を想いながら作った曲で、この曲を弾く度にもうかえらないあの人を想い出す、とつぶやく。話が一段落してのしばし休憩後、キョウコが、自由時間に考えた、教師になろうと思ったきっかけである自身の中学時代の教師のこと、その先生の諦めず生徒を信頼して待つ姿勢を自分が忘れかけていたことなどを、涙ながらに語る。シゲルは、散歩しながらふと浮かんだ妻や娘について述べ、家族に支えられていたありがたさを語る。

[#7 (19時半～21時)]　シオリのうかない顔。ジンイチ『どうしたの?』シオリ『母に悲しい思いをさせたくなくて、父がいないことを無いことにしてきた。でも、父は優しかったんです…』ジンイチ『語るのつらくない?』シオリ『あふれてくるんで』fac.カンコ『想いがあふれてくるのね』シゲル『お父さんに何て伝えたい?』シオリ『…会いたい…あ、伝えたいことでしたよね…ありがとうかな…』キョウコ『会いたいでいいよ』シオリ『…弱音吐けないんです (泣)』シゲル『頑張ってきたんだね』シオリ『(泣笑) つい頑張り過ぎちゃう。そういうのがしんどいことも』イッペイ『頑張らなくていいんだよ』。

シゲル『過ぎちゃうとしんどいけど、頑張ることも、シオリさんの大切な何かな気もする』シオリ『…（泣）…みなさん、ありがとう』

4日目

[#8 (9時半〜10時半)]　最終セッション。それぞれがこのBEGの体験をふりかえり、感想や気づきなどを語る。

[まとめ (11時〜12時)]　感想などをアンケートに記入した後、fac. キョウスケが守秘などの留意事項を伝え、終了した。シオリは各メンバーと握手し、fac. にも握手を求め、『求めていたものがわかりかけてきました』。少し遠いが駅までユキノと共に歩いてみたいと言う。

[設問]

□感想や疑問、気になった（魅力を感じた、抵抗を感じたなど）メンバー、fac. などを書き出してみよう。そのうえで、それらに注目した自分の特徴について思いを馳せてみましょう。①

□メンバーやfac. について、それぞれどのような人物か、ここでの体験の意味やその後の影響などをイメージしてみましょう。略されている部分の相互作用ついてもイメージしてみましょう。②

□セッション進行にともなうメンバーの変化や相互作用の変化について検討してみましょう。③

□fac. の動きを含めたファシリテーションについて検討してみましょう。④

□あなたがメンバーだったら、fac. だったら、このBEGでどんな動きをするかイメージしてみましょう。⑤

[解説]

【設問①】対人援助職にとって自己理解は、専門性を高めるうえで必要な学習である。事例から学ぶ際の視点はさまざまであるが、自己理解などを目的とし教育カウンセリング・教育分析的機能ももつBEGの事例においては、事例を鏡として自身の理解の仕方や感情的

反応などの特徴を知る視点を重視したい。

【設問②】BEGの全体的な流れを押さえつつも、多少の相互作用も紹介するため、各人の特徴やグループ・プロセスなどの記述を大胆に略した。ただ、BEGではその人の語りや動きから徐々に各人の理解を深めていくことをふまえれば、徐々に提示される断片的な情報から各人やグループについてイメージを膨らませていくことは、それらの理解を深めるトレーニングとなりうる。

【設問③】BEGでは、相互作用を重ねることで、個人やグループに変化が起き、さらに相互作用自体も変化してゆく。グループの雰囲気や流れの変化もこれらによるところが大きい。事例では大まかに見ると、初期のぎこちない探り探りの関わりから、徐々に相互に関心を持ちつつ率直に語り始め、中盤以降、相手に寄り添い、傾聴をベースとした援助的な関わりと深い自己開示へと変化している。これ以外にも変化の視点はあろうし、各人のプロセスはさらに味わい深いものがあろう。

【設問④】設問3の変化を促すものは何か。fac.の動きもその一つだが、BEGのファシリテーションはそれに限ったものではない。メンバーもファシリテーションを担っている。BEGをどういう構造（場所や日程など含めて）で実施するかも、ファシリテーションに関わる。

【設問⑤】以上をふまえたうえで、事例のなかでのメンバーとしての自身、fac.としての自身をイメージし、あれこれ自身と対話することは、自身の理解、対人援助職としての自身の理解、共に促進する。これは、設問1に述べたことに戻ってゆく。

第 3 章

コミュニティ・アプローチ

児童養護施設における取り組み

福祉分野   上手幸治

1. 生活を支える

　臨床心理系の大学院を修了して公認心理師となったA〔以下、A〕は、職場として児童養護施設を選んだ。その理由として、子どもと関わる仕事をしたかったこと、虐待のようなトラウマの心理的支援に関心があったこと、がある。Aは子どもたちの心理的支援をする際、受容的にすべてを受け入れていく方針で、子どもたちに接していた。そうしたやり方を続けていると、子どもたちは個別面接でAに甘えることができるようになり、トラウマ場面を再現するような遊びを展開するようになった。しかし、生活現場で子どもたちを支援する指導員や保育士〔以下、ケアワーカー〕から"心理面接があった日は、子どもが荒れることが多い"や"面接で何をやっているかわからない"という不満が述べられるようになった。ケアワーカーの対応に困ったAは、児童養護施設で長年勤務している先輩の公認心理師B〔以下、B〕に相談した。

　Bのアドバイスによると、児童養護施設は基本的に生活現場なので、虐待といったトラウマの治療を優先するより生活の安定を目標とした方がよい。愛着に問題のある子どもたちを受容しすぎると、退行が激しくなり、生活場面で自己コントロールが効かなくなる場合がある。さらに、トラウマだけに焦点を当てると、トラウマ場面がフラッシュバックしやすくなり、安定した生活が送れなくなることもある。そのためにも、面接が終わる前にはできるだけ日常的な話題に戻し、心理的に穏やかな状態にして生活現場に帰すことが重

要であると言われた。さらに、守秘義務に拘泥してケアワーカーと関係を悪くするのではなく、日常生活でケアワーカーが子どもの問題行動を理解するための助言をした方がよいとも教えてもらった。

そこでAは、担当している子どもたちについての困りごとをケアワーカーに尋ね、面接でわかった子どもたちの心理的状態についてケアワーカーに伝えていくことにした。このAとのやりとりにより、ケアワーカーは、子どもたちの問題行動の背景にある心理的状態を理解することができ、より適切にトラウマを抱える子どもたちに関わることができるようになった。例えば、身体的虐待を受けた子どもに対する身体接触は慎重にした方がよいこと、発達障害には虐待に由来するものもあるという視点、などである。Aも生活場面の状況がわかることにより、生活と連動した関わりが個別面接でできるようになった。例えば、親元に外泊する前後で子どもたちが不安定になること、施設や学校の行事が与える子どもたちへの影響などである。こうしたケアワーカーと公認心理師の連携・協働により、子どもたちの生活の質（quality of life）を上げていくことが重要であるとAは理解するようになった。

2. 学校との連携

最近、小学3年生のC子が元気がないのでAは心配していた。心理の個別面接で理由を尋ねると、C子は学校の勉強が全くわからないと訴えた。担当のケアワーカーに学校や施設での状況を確認すると、勉強への怠けが見られるので成績が下がっている。厳しく指導すると感情的に反応するので、対応に困っている。

C子は母親の養育放棄のため、乳児の時から児童福祉施設で養育されていた。それゆえに、児童相談所による知能検査を含めた詳細な心理査定がおこなわれていなかった。そこでAは、改めてC子の

知的能力や心理的状態について見直す必要性を感じたため、先輩の B に C 子の知能検査と投影法を用いた心理検査を依頼した。知能検査の結果は境界線に近い知的水準であり、特に算数や国語に関連する能力が劣っていた。心理検査では、劣等感が強く、抑うつ的な状態であることが示された。この検査結果により、ケアワーカーは学習面において C 子に頑張らせすぎていたことに気づき、C 子の能力に相応しい支援が必要だと理解した。

　A はケアワーカーとともに施設長と相談し、現状が継続されると学力の低下が進み、ますます心理的に不安定になることが予想されると伝えた。施設長から学校と連携するように依頼された A は、C 子のクラス担任と相談する機会を設け、クラス担任も C 子が他児と比較して学習の理解度が低いことを気にしていたことがわかった。知能検査と心理検査の結果を伝えると、クラス担任も C 子の能力について了解したため、学校長と相談して次年度に特別支援学級に転級することになった。C 子は特別支援学級で自分のレベルに合った学習支援を受けることで勉強に関心が向き、日常生活でもケアワーカーの指導に素直に応じるようになった。

3. 児童相談所との連携

　中学2年生の D 男は、母親への暴力が原因で児童養護施設に措置されてきた。入所当初は周りに合わせた行動をとっていたが、徐々に施設内でも自分を出し始めるようになった。児童相談所における心理査定では、知的能力は高いが、こだわりが強く、他者への共感性が低くて自己中心的との結果であった。完璧主義で潔癖症な D 男は、同じ居室の小学生たちの食事マナーや部屋を散らかすことに我慢できず、執拗に注意をし始めた。担当のケアワーカーは、D 男がやりすぎているとは思いながらも、正しいことを言っているので注

意もしづらく、しばらく静観していた。すると、D男の小学生たちへの関わりはますます激しくなり、小学生たちはD男の一挙手一投足を気にして、D男の言いなりのような状態になった。D男は自分の部屋を清潔に保つことに固執し、風呂の時間も長くなり、施設のスケジュールに合わせた生活ができなくなった。

　個別面接を受けるようなD男ではないため、公認心理師のEはD男の居室を訪れてD男の小学生への関わりを観察しながら、時にさりげなくD男の言動を諭した。大人から指導された時、D男の行動は一時的に修正されるが、子どもたちだけの場面だとまた元に戻ってしまう。EはこうしたD男の問題行動を強迫症状と理解して対応した方が良いと見立て、医療的ケアにつなげたいと考えた。そこでEは施設長に相談し、D男を児童相談所で一時保護し、精神科医の診察や一時保護所内での行動観察や児童心理司による心理査定をおこなう必要性を訴えた。Eのまとめた情報提供書とともに施設長が児童相談所に一時保護を依頼し、児童相談所内でのケース会議の結果、D男の一時保護が決定した。状況が変わってもD男の潔癖症や他者を従わせようとする行動は変わらず、児童相談所でもD男には服薬も含めた医療的ケアが必要だと判断された。D男は児童心理治療施設に措置変更され、症状を改善するために投薬や看護的ケアを含めた治療が開始された。その結果、徐々にD男の症状は軽減していった。

[設問]

□あなたが公認心理師として児童養護施設で働く場合、生活に焦点を当てた心理的ケアとしてどのような関わりができるかを検討しましょう。

□事例のような場合、同僚のケアワーカーに対して、どのようなコンサルテーションができるかを検討しましょう。

□他機関と連携する際に留意すべき点について論じてください。

[解説]

▶1-109/4-50

　児童養護施設〔以下、施設〕とは本来、養育者の不在や不適切な関わりにより養育上の困難を来した子どもたちに対して、衣食住といった生活の安定を提供するための施設である。しかし、虐待といった心理的な傷つきを受けた子どもたちが施設に多く措置される現状、治療的養育の必要性が生じたため、そうした子どもたちへの心理的ケアとして心理職が配置されるようになった。そのため、施設で公認心理師が働く場合、トラウマの治療に対する知識は必要である。しかし、トラウマの治療よりも先に、子どもたちが安全・安心な生活を営むことができるような支援をおこなうべきである。なぜなら、施設自体の生活が脅かされた状況でおこなわれる心理的ケアは、砂上の楼閣に似て、非常に不安定で脆弱なものになる。そこで、トラウマ自体を直接には扱わないが、子どもたちの心身の安定を図る心理的ケアが施設で取り組まれている。▶2-75/4-96 動作法という体を扱う技法、性的問題行動を防止するための心理教育、自分や家族の歴史を振り返る過程をサポートする▶1-110 ライフストーリーワークなどの関わりは、施設で働くうえで公認心理師が知っておいた方がよい知識であろう。

　さらに、子どもたちの日常生活を身近に支援しているケアワーカーを支えることは、公認心理師にとって重要な職域であろう。ケアワーカーに対するコンサルテーションによって、子どもたちに対する日常的支援に心理的視点が加わり、対応がよりきめ細やかになるのである。事例C子の場合、ケアワーカーはC子の学力低下を怠学と見なし、C子に能力以上のことを課して心理的混乱を引き起こしていた。しかし、公認心理師A・BがC子の能力の限界という見立てを伝えることにより、ケアワーカーと公認心理師が連携して学校に働きかけ、より適切な支援をC子に提供することができた。事例D男の場合、D男の問題行動にケアワーカーも他児も振り回されていたが、公認心理師Eが問題行動を強迫症状と捉え直し、医療的な

ケアの必要性を訴えた。そうした新たな視点により、児童相談所と連携してD男を児童心理治療施設に措置変更することができた。

　子どもたちの安全・安心な生活を保障するということは、その支援が施設外にも広がっていくということである。事例C子もD男も、公認心理師によって把握された子どもたちの心理的状態と心理的支援の必要性が、施設内ではケアワーカーへのコンサルテーション、施設外では他機関への援助要請という協働になった。非常に過酷な人生を生き抜いている子どもたちを支援するということは、支援者が一人で抱え込むのではなく、施設内外の資源を最大限活用し、子どもたちが施設を離れても支援が継続されるような体制を作ることであろう。

コミュニティとしての学校

教育分野　　　　　　　　　　　　　　　　　　　　　　　坂本憲治

事　例

　公認心理師A〔以下、A〕は、週1日8時間、B中等教育学校＊の中等部スクールカウンセラー〔以下、SC〕として赴任することになった。Aはその他、精神科クリニックと福祉施設に週4日勤務している。

　B中等教育学校は生徒600名、教職員30名からなる中規模の公立学校。学力水準はその地域で上位2位程度で、近年は倍率も高まっている。養護教諭は中等部・高等部それぞれ1名配置されている。SCは20年前から配置され、担当者は1〜5年単位で替わってきた。Aが赴任する年度は中等部・高等部どちらのSCも交替する。Aは赴任に先立ち、前任SCから次のような申し送りを受けた。

　B中等教育学校の個人相談は1日5件程度。養護教諭が窓口となって予約マネジメントをおこなっており、教育相談システムは比較的有効に機能している。生徒の相談内容は友人関係や受験・進路に関する内容が多い。なかでも、頭痛や腹痛などストレスが身体化した生徒が多い。高等部からは単位制となるため出席日数が足りず、退学を検討せざるを得ないケースもある。生徒本人のことを考えると転校が適切であるように思われても、保護者や教師の期待が優先され、生徒が板挟みに遭うケースも発生している。数年前から配置された▶4–61,112スクールソーシャルワーカー〔以下、SSW〕は、フットワークも軽く、学校関係者からも信頼されている人物であるが、迅速な問題解決を優先する傾向にある。SCの心理支援が有効と思われるケースでも、かなり早い段階で外部機関にリファーされることもあり、やりづら

さも感じている。SSWとは勤務曜日も重なっておらず、なかなかコミュニケーションを図ることも難しい。

[設問]
□B学校を一つのコミュニティとして捉えた場合の問題点は？　この学校をコミュニティとしてどのように見立てることができますか？
□Aは、B中等教育学校に参入し、これから効果的に連携していくにあたり、誰と、どのように関係づくりを進める必要があるでしょうか？

[解説]

　学校全体を一つのコミュニティと見立て、介入を検討する技術は、スクールカウンセリングにおいてたいへん重要である。図1に示すとおり、スクールカウンセリングは「生徒 – SC関係」だけで成立しているのではない。SCは、さまざまなシステムのなかでも、学校内部における支援システム（養護教諭や教育相談体制）や管理システム（学年主任、教頭、副校長、校長など）からの影響を受けている。そして、これらの内部システムは地域社会という上位システムからの影響を受けている。学校に参入しようとする公認心理師はまず、この入れ子構造を意識する必要がある。

　これらの前提をふまえて、B学校コミュニティを見立ててみよう。前任者からの申し送りによると、学校内部について、管理システムの問題は語られていない。むしろ支援システムとSCの関係として、養護教諭を中心とする教育相談体制はある程度確立しているもののSSWとの情報共

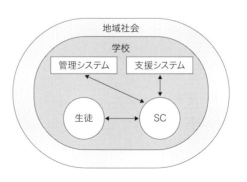

図1　学校コミュニティにおけるシステムの入れ子構造

有がうまくいかず、システムの機能不全が生じているようである。

▶1-44,49〜51
　地域社会システムからの影響は、前任者の申し送りの「その地域で上位2位程度」という点に読み取れる。この情報から、B学校は地域から一目置かれる存在と推測できる。保護者や教師はその影響を受け教育熱心な可能性が高いこと、子どもが不適応的であっても退学・転校など環境転換を検討しにくいこと、などが考えられる。

　また、生徒たちの不適応問題は身体に出やすい傾向にあるという点にも注目したい。ストレスの表現形態は、身体化のほかにも、反社会的行動（非行・暴力など）や非社会的行動（不登校・ひきこもりなど）が考えられるなか、B学校はとりわけ身体化を特徴としているのである。こうした問題を学校のコミュニティ構造と併せて検討するならば、B学校の生徒たちは、大人の期待を強く受けるプレッシャー構造があるといえる。言い換えると、B学校の生徒は、保護者や教師の期待を背景に、主体性を発揮しにくい存在（＝弱者）になってい
▶1-21/2-37
る、という見方が可能である。この段階では「仮説」であるが、公認心理師はその仮説をもとに、実際に学校とかかわり、データを得て、検証を進める必要がある。

　次に、B学校へのコミュニティ・アプローチを考えてみると、例えば、生徒のプレッシャー構造に着目して、生徒集団の権利擁護
▶4-21,22
（アドボカシー）や勇気づけ（エンパワメント）を一つの目標にすることができる。生徒の「主張できる権利」を強化するためのアサーション研修、教師への校内研修を企画・実施することが可能である。しかし、それは参入初期の目標ではない。管理システム・支援システムとの信頼関係のないままおこなう助言・指導が受け入れられる可能性はきわめて低い。

　公認心理師Aは当面、関係者との密な関係づくりを優先すべきである。B学校の場合まずは勤務日の異なるSSWとSCがいかに有効な連携関係を築けるかが鍵となる。前任者の申し送りによると、SSW

とSCはクライエント像や支援目標がずれている可能性がある。本来ならSCとSSWが直接、お互いの役割分担について話し合いたいところだが、Aのかけもち勤務の状況を考えるとそれも難しい。

　この場合、誰と連携すればSSWに働きかけられるか。そのキーパーソンは養護教諭となる。幸い養護教諭は、教育相談体制をある程度有効に機能させる力をもつ人物である。Aは、養護教諭を学校コミュニティの貴重な社会資源と捉え、関係づくりに注力することが現実的かつ効果的である。そのためにAは、養護教諭と顔を合わせる機会を多くし、他愛のない雑談をしたり必要に応じて適度な自己開示をするなど、まずは自分がどのような人となりかを知ってもらいたい。生徒の相談を担当した場合は、可能な限り生徒の同意を得て、必要な範囲で情報共有できるようにし、不適応の心理的な意味を、養護教諭はじめ管理システムにもわかる言葉で伝えるようにする。その他の臨床領域とも同様、学校における公認心理師は、学校内部の関係者に「役に立つ」と捉えられなければ効果的な仕事はできない。養護教諭とのラポールが形成されたら、次の目標はSSWとの連携関係の構築である。養護教諭を介した間接的な支援システムの形成は、教育相談体制をさらに強化することにつながる。

　以上は、Aが赴任前に検討できる範囲の連携に関する見立てである。コミュニティとしての見立てをはっきり意識し、その解決に向けて、手順を踏みながら段階的に介入策を練る。その積み重ねが、システム上の問題を緩和させ、生徒のエンパワメントを容易にするのである。

---

* 　中等教育学校とは、学校教育法第1条に定められた学校のひとつ。いわゆる中高一貫の形式をとる。ひとつの学校のなかで、前期課程3年間は中学校、後期課程3年間は高等学校に準じた教育がおこなわれる。

学校における緊急支援の実際

教育分野　　　　　　　　　　　　　　　　　　　向笠章子

1. 学校コミュニティに起こった危機的状況

　公認心理師Aがスクールカウンセラー〔以下、SC〕をしている公立中学校で2年生男子の自死が家族によって発見された。Aは学校で予想もしない出来事（事件・事故）が起こると地域全体が動揺し、学校コミュニティに大きな危機が起こること、学校での身近な人の突然の死は多くの人に深い影響を与え、特に子どもの自死はコミュニティに属する人々にとって深刻な事態を呈していくことを懸念した。

　突発的で衝撃的な出来事が生じると学校コミュニティ全体が機能不全に陥ると判断して、校長先生に相談すると、校長先生は教育委員会に緊急支援を依頼し、教育委員会からスクールカウンセラーのBとCが派遣された。

　Aは彼らととともに中学校に緊急支援をおこなうことになった。Aは緊急支援に入る中学校での支援内容を以下のように考えた。

2. 生徒の自殺後の中学校への支援

(1)事例の概要

[X日]　中学2年生男子が自宅で縊死。帰宅した家族が発見し、病院に搬送したが死亡した。同日に家族から学校に連絡が入った。

[X＋1日目]　生徒の通夜。

[X＋2日目]　生徒の葬儀。校内緊急支援チーム結成。教職員研修。

[X+3日目]　生徒対象プログラム実施。

Ａは緊急支援に入るにあたって学校との緊急支援のチームを結成し、以下の方法を示した。

1）チームは、①緊急支援プログラムの検討、②事実報告の文言検討、③自死した生徒の保護者の意向を確認することとした。

2）職員朝礼のなかで教職員研修をおこなう。①生徒の急性のストレス反応とその対応方法、②「こころの健康調査票」の概要とアンケートの実施方法、③個別面談の方法などを説明した。

　Ａはさらに、チームと具体的に緊急支援プログラムを実行するために、生徒・教師・保護者対象プログラムを検討した。

(2) 緊急支援プログラム実施

　Ａは緊急支援プログラムの概要として、①事案についてできるだけ正確な情報を共有すること、②いろいろな反応が起こるのはきわめて正常であること（異常事態への正常な反応）、③事案についての各自の体験を表現する機会を保障すること、を教員らと共有した。

　全校集会の後に担任はクラス集会で生徒に「こころの健康調査票」のアンケートを記入してもらい、その後に教師による個別面談に入った。教員対象では担任教師らのカウンセリングなどをおこなった。保護者らには、保護者集会による子どもらの反応への対応の方法を伝えることして、これらのことを進めるためにＡはＢとＣの役割を以下のように決めた。

○　担任の個別面談後に担任の判断から、反応が強い生徒や不安が強い生徒など心理面接が必要と考えた生徒の面接を、ＢとＣがそれぞれ分担した。中・長期的なサポートが必要と思われる生徒はＡに繋いだ。疲労や不安の大きい教師の面接は、Ａが受け持った。また、

保護者集会で生徒の動揺に対する保護者対応を説明する役割は、A
が担当した。

[設問]
□この緊急支援プログラムのねらいは何でしょう？
□「こころの健康調査票」アンケートの面談後の心理面接での留意点を
　示してみましょう。

[解説]

　「生徒の自殺」という緊急事態は、学校では全く想定していない事
態である。したがってAは、この事態が、学校コミュニティ全体に
急性のストレスがかかったと判断するものである。

　X+2日目にAが校長や教職員と緊急支援チームを結成することで、
生徒や先生たちの急性ストレス反応に対応できるように準備してい
くことになる。さらに、Aが朝礼で教職員に対して今後に起こるで
あろう生徒たちの反応を説明しつつ、その対応を伝えることは、教
職員の安心に繋がるものであり、その教職員の安心が生徒への安心
への道筋になる、ということを理解しておくべきである。

　またAは担任に対しては面談にて、生徒が感じている辛い出来事
を無理に話す必要はないが、感情を抑え込むのではなく話すことを
含めた表現の自由を生徒に保障してほしいことを理解してもらうこ
とである。

　アンケートや面談によるハイリスクな生徒のスクリーニングと継
続的ケアが、一次被害から二次被害への予防的機能を果たしている。
特に継続的ケアが必要な生徒に対しては、今後、Aの面接対象者に
なる可能性があることに留意する。

　SCの立場に立つAは、緊急支援チームにおいても基本的立場は

「後方支援」である。したがって緊急支援プログラムを提示するが、それをどこまでおこなうかを決定するのは学校長である。事態を共有していくためにも、チームを結成していくことが必要である。教師・生徒・保護者対象のプログラムの流れを以下の図に示す。

図　緊急支援プログラム

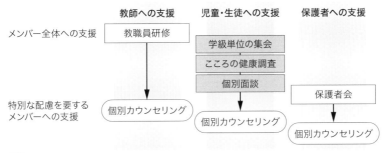

文　献

福岡県臨床心理士会(編)(2017).『学校コミュニティへの緊急支援の手引き』第2版,金剛出版.

被災地での支援活動

地域社会   髙橋紀子

1. 事　例① ── 被災直後の支援活動

　体育館に避難した住民に対する支援要請があり、行政職員ととも
に支援に入った。何をすればよいか尋ねたところ、『気づいたところ
で動いていってください』と指示を受けた。行政職員は「支援物資
の搬入作業を手伝ってもらいたい」旨、要望があり別行動となった。
そこで、ひととおり体育館をまわり、できることを探した。

　炊き出しに長蛇の列ができており、幼児を抱える母親がいた。母
親に声をかけ、炊き出しの受け取りまで母親の見えるところで子ど
もと一緒に遊んだ。

　余震。体育館のバスケットゴールが大きな音を鳴らして揺れた。
避難している小学生たちがテンション高く騒ぐと、年配の男性が「静
かにしろ」と一喝。

　体育館内で子どもたちの過ごせるスペースについて、担当者と相
談した。災害の様子を伝えるテレビのある場所からは離れたエリア
に、おもちゃなどを置き、床にガムテープを貼りスペースを可視化
した。

　発達障害のある人に対して「差別はしない」という判断で、仕切
りのないスペースがあてがわれていた。家族に話を聞くと、そこに
は居ることができず、家族全員で車中泊しているとのことであった。
使われていない衝立があったことから、責任者に発達特性と環境調
整について説明し、衝立の活用の仕方について家族の意見を反映さ
せた。

ひきこもりだという人が布団の中に一日中入っていて心配されていた。自治会長より「声をかけて、外に引き出してください」という要望が寄せられた。食事は近くに持っていくと食べることができており、トイレの利用など最小限の行動はとれていた。案内の掲示されている場所とその内容を紙に書き、《出口の近くのホワイトボードに、入浴時間などの案内が書かれています》とつぶやきながら、その紙を布団の傍に置いた。

2. 事　例② ── 被災からしばらくしての支援活動

災害から3ヵ月後、保健管理センターで炊き出しの手伝いをした。手際よく作業が進められるなか、知人らの安否を気にする声も聞かれた。同時に「あの病院の先生は何人、逃げたらしい」「あの家の奥さんは、子どもを連れて県外に行っている」など、避難した人たちに対する噂話も聞こえてきた。支援物資のお菓子が人数分足りないため、倉庫に置かれたままになっていたという話や、それをこっそりとっている人がいたという話など、真偽のわからない事柄が聞かれるようになった。

掲示や周知できる事柄については、担当者に案内の出し方を打ち合わせた。担当者らは『すみません。気がつかなくて』と言い、詫びに行くと話した。《精一杯のことをされているのだから》と声をかけると、以前、住民から強いクレームを言われ、それから眠れていないという話があった。同様の体験をしていた担当者が『私も同じような目にあった』と話をした。他の担当者は『みんながそんな大変な目にあっている時に、私は県外に避難していた』と、うつむいた。

この災害で一人ひとりが、そしてコミュニティ全体が傷ついていた。生き残ってしまった私たちがお互いを傷つけあうのを終わりに

できるだろうか、いつかこのことも気兼ねなく話せる日が来るのだろうか、という話になった。

　まずは眠ろう、眠れるようになることを目標に体調を整えていこうと話した。

[設問]
□災害直後の支援活動での留意点は？
□大規模災害のあったコミュニティに入る際の留意点は？

[解説]

(1) 災害直後の支援活動

[①安全、尊厳、権利の尊重]　危機的出来事に遭った人たちと関わる際、まず人々の安全、尊厳、権利が尊重されているかに留意することが大切になる。

　安全とは、人々が身体的・精神的危害を受けないよう最善を尽くすとともに、支援に入る人間の行動が、被災者をさらに傷つけることのないように気をつけることも含まれる。尊厳とは、それぞれの文化や生活の営みを尊重することである。自分の働きかけが価値観を押し付けになっていないか自身に問い続けること、そして相手の話を聴く姿勢がその予防になろう。そして、誰もが支援を受ける権利を持っており、同時にいらない支援を断る権利も持っている。

　非常事態においては、これらの安全、尊厳、権利が、善意や同調圧力によって、無自覚に損なわれやすくなる。

[②指示と判断]　災害支援はできるだけ個人で行動せず、支援組織や地域の団体を通して活動する。活動内容については、その組織・団体の指示に従う。何らかの介入をする前には、担当者や責任者に必ず事前に相談し、協力体制を乱さないことが大切である。それが結

果として、次の支援の継続につながる。

　同時に、支援組織や地域の団体が「発達障害」や「ひきこもり」の人々などと関わった経験がこれまでになく、独自の判断により結果として当事者に適切な支援が届かないこともある。そのような時は、指示どおり行動するのではなく、被災者の安全、尊厳、権利を尊重した関わりができるように、必要な情報を担当者・責任者に伝え相談する。

　こうした状況についても、独断で行動してしまうと結果としてその意図が伝わらず、一時的な介入で却って混乱させるだけになってしまうことになるので、手順を踏まえることが重要である。

(2)災害からしばらく経過した後の支援活動

[コミュニティ全体の傷つき]　災害からしばらく経ち生活がある程度落ちついてくると、緊張が緩むと同時に不安が高まることがある。その不安は噂話やデマの拡散や、他者や他県、国への不満などのかたちであらわれることがある。正確な情報があればそれを伝え、知っていることと知らないことを正直に話す。他の人から聞いた根拠のない話を「良かれと思って」話すことのないよう自覚的でいる。

　被災者は、自分が生き残ったことに罪悪感を抱くこともある（サバイバーズ・ギルト）。被災者がしたこと、しなかったことについて価値判断しないよう留意する。そして、実行できない約束や気休めの言葉は言わない。できることの限られている自分自身そのままで誠実に共にいることを心がける。

[回復のプロセスの個人差の広がり]　時間の経過とともに、災害からの回復には個人差が生じる。それはこれまでの日常的な周囲からのサポートの有無や、経済的事情、身体的健康、本人や家族の精神保健、年齢によっても異なる。

また、大切な人や場所を喪失した時、「喪失を思い出させる体験」と「再建に向けた体験」は、日常生活のなかで揺れ動くとされる〔Stroebe & Schut, 1999〕。このふたつの体験の揺れ動きには個人差があり、それぞれのペースを尊重しながら見守り、社会や周囲の人々とその人が分断されないようにも心がける。

つまり、一人でいることと、人といることの両方を、個人のペースで経験できるようにする。

[ヘルスケア] 被災者の多くは、時間とともに日常を取り戻し、心身の状態も落ち着いていく。しかし、被災前や被災後の状況によって回復のプロセスが機能しにくい場合もある。また、心的外傷体験からの回避として、過覚醒や過活動になることもある。

こうした状況がそのままに「困りごと」として話されることは稀である。不眠や食行動の変化など、生活状況や身体の健康を取り戻すことから会話の糸口にし、ヘルスケアを意識できるとよい。

文　献

公益社団法人プラン・ジャパン (2016).「被災者の心を支えるために—地域で支援活動をする人の心得」

福島大学 子どものメンタルヘルス支援事業推進室 (2018).『福島の子どものメンタルヘルスガイドブック』

Strobe, W., Schut, H. (1999). The dual process model of coping with bereavement: Rationale and description. Death Studies, 23, 197-224.

編者あとがき

　公認心理師を目指す大学院生のための実践的なテキストを編纂するという役割をお引き受けし、何とか出版までたどり着くことができました。家族関係・集団・地域社会との関わりにおいて必要とされる技術について改めて丁寧に考えてみると、習得すべき事柄の多さに圧倒されます。複雑な人間関係が入れ子状にかつ重層的に絡み合う状況をいかにアセスメントし、適切な介入をおこなうことができるのか。

　専門家ではなくとも"センスの良い人"は、複雑な人間関係をうまく扱うことができるかもしれません。そのような人の存在が貴重な援助資源であることに間違いはありません。しかし、心理学と臨床心理学の素養がなければ、一見うまく進行しているように見える集団のなかで困難を抱えた人は、埋もれて見えなくなっていくでしょう。

　私たち公認心理師は"センスの良い人"であるだけでは不十分なのだと思います。個々人が抱える心の困難を適切に捉え、かつその個人を取り巻く集団に対して適切に関わっていくことが求められるからです。このミクロとマクロを同時に視野に入れて対象者に関わる作業が、きわめて難しいのであり、これを公認心理師の専門性として捉えて研鑽を積む必要があります。

　本書は「実践ガイダンス」として、現場の臨場感とともに具体的対応について検討することを目指して編まれたものです。紙幅の制約があるなか、執筆の先生方には最大限のエッセンスを盛り込んでいただきました。そのおかげで、私たちが関わるさまざまな領域における実践に役立つ内容となりました。

「家族関係・集団・地域社会」に関わる専門的技術の教育に関しては、今後ますます洗練させていくことが求められます。また、資格取得後の生涯学習としても、これを専門的技術として適切に認知し、学び続ける手立てを考える必要があります。本書は、その学びのテキストとして一石を投じるもので、まさに執筆者・編者らからなる集団の協働作業の賜物として生まれたものです。

　ご多忙を極めるなか、唯一無二の原稿をお寄せくださった執筆の先生方、大局的な視野から丁寧なサポートをくださった監修の野島一彦先生・岡村達也先生、そしてこの集団のなかで難しい舵取りをこなしてくださった"木立の文庫"津田敏之様に、心より感謝申し上げます。

2019年4月

板東充彦・布柴靖枝

索　引

【あ行】

IP（identified patient）……………… 19, 29

悪循環 ……………………… 27, 89, 95

アセスメント ……… 18, 26, 28, 34, 59, 61
　　　　　　　　　　　68, 72, 110, 139

アタッチメント家族療法アプローチ …… 26

アドボカシー ……………………… 72, 126

一般システム理論 …………………… 18, 23

医療モデル …………………… 60, 61, 69

エンカウンター・グループ …… 11, 12, 43-45, 50
　　　　　　　　　　　51, 69, 112-116

　　ベーシック〜（BEG）…… 112, 113, 115, 116

円環的因果律 …………………… 19, 20

円環的質問法 …………………… 24, 33

援助要請 …………………… 91, 94, 123

エンパワメント …… 53, 62-64, 70, 72, 126, 127

オルタナティブ・ストーリー ………… 25, 34

【か行】

解決に焦点づけた会話 （解決についての語り）
　　　　　　　　　　　　　　 25, 34

仮説 …………………… 25, 65, 83, 126

家族合同面接 …………………… 32, 35

家族療法 …… 11, 12, 18, 21, 23, 24
　　　　　　　　　　26, 28, 32, 85, 86

　　多世代〜 …………………… 23, 28

カップル関係 …………… 12, 31, 80, 85

カップルセラピー ………… 11, 12, 80-85

家庭裁判所 …………………… 91, 92

家庭裁判所調査官 …………………… 92, 93

危機介入 …………………… 66, 71, 72

境界 …… 19, 20, 24, 26, 27, 30, 49, 63, 64, 96

協働 …… 24, 25, 31, 67-69, 71, 73, 119, 123

緊急支援 …… 12, 58, 72, 128-131

　　〜チーム …………………… 128, 130

　　〜プログラム …………………… 129-131

クエスチョン

　　コーピング・〜 …………………… 34

　　スケーリング・〜 …………………… 26, 34

　　ミラクル・〜 …………………… 26, 34

クライエント中心療法 …………………… 43

グループ

　　〜ダイナミクス …………………… 43, 53

　　〜・プロセス …………………… 50, 116

　　オープン・〜 …………………… 46

　　クローズド〜 …………………… 46

　　サポート・〜 …… 40, 51, 104-107

　　小〜 …… 41, 51, 104

　　セルフヘルプ・〜 …… 53, 65, 69, 104-106

ケアワーカー …………………… 118-123

形態維持 …………………… 20

形態発生 …………………… 21, 29

傾聴 …………………… 116

源家族 …… 28, 30, 31, 82-85

構造的モデル …………………… 24

肯定的意味づけ …………………… 24, 33

コミュニケーション

　　相補的〜 …………………… 22

　　対称的〜 …………………… 22

コミュニティ

〜感覚	63, 64, 70	スクールソーシャルワーカー（SSW）	124-127
〜・ミーティング	42, 45, 46	ストーリー	▶物語
〜・モデル	60, 61, 71	ストレスチェック	66, 108
機能的〜	58	生活者としての人間	60, 61
地理的〜	58	精神科デイケア（DC）	12, 51, 98-102
コラボレーション	67, 68	精神分析	23, 40, 41
コンサルテーション	43, 67, 68, 70	生態学的視座	61
	88, 122, 123	世代間伝達	23, 24, 83-85
コンダクター	42, 45	セルフヘルプ・グループ（SHG）	53, 65, 70-72
			104-106

【さ行】

サイコドラマ	40, 44	相互作用	24, 32, 49, 61, 115, 116
再婚	18, 29, 80, 82, 84, 85	ソーシャルサポート	64, 65, 72
サバイバーズ・ギルト	135	ソリューション・フォーカスト・アプローチ（SFA）	
三角関係	9, 28		25, 33, 34, 86, 88, 89
ジェノグラム	12, 28, 29, 80, 81, 83, 85		

【た行】

自我水準	101	体験的知識	70, 71
自己開示	116	対人援助職	115, 116
自己実現	63	第二次変化	20, 29-31
システム		多世代的視点	80, 85
〜の階層性	19	ダブルバインド	21, 23
〜の全体性／〜の非総和性	19	多方向への肩入れ	32
家族〜	18-20, 24, 32	忠誠心	23, 24
サブ〜	19, 20, 24, 26, 27, 96	治療共同体	41, 42, 44, 45, 52
社会〜	31, 126	Tグループ	▶ラボラトリー・トレーニング
スプラ〜	19	転移／逆転移	41, 48, 69
児童心理治療施設	52, 123	統合的問題中心療法	26
児童相談所	119-121, 123	動作法	122
児童養護施設	12, 118, 120, 122	ドミナント・ストーリー	25, 34
社会構成主義	24, 34	共に生きる	67
ジョイニング	32	トラウマ	53, 118, 119, 122
情緒的遮断	83-85		
親密性	26, 81		

【な・は行】

スクールカウンセラー（SC）	52, 68, 86-89	ナラティヴ	12, 34, 86, 89
	124-128, 130	ナラティヴ・セラピー	25

認知	18, 51, 64
認知行動療法	109
破壊的権利付与	24
パーソンセンタード・アプローチ	112
Here and Now（今、ここで）	43
被害	
一次～	130
二次～	130
被害者支援	12, 103, 104, 107
非行	91-95, 126
～少年	24, 91, 94
～臨床	11, 12, 91, 95
ファシリテーター	11, 43, 45, 69, 112
	115, 116
夫婦連合	96
フラッシュバック	118
ヘルスケア	136

【ま・や・ら行】

無知の姿勢	25
メディカル・ファミリーセラピー	26
モード	66
アナログ～	22
デジタル～	22
物語（ストーリー）	25, 85, 89
問題の外在化	25, 34
予防	64, 66, 67, 130, 134
ライフストーリーワーク	122
ラボラトリー・トレーニング（Tグループ）	42-44, 50
ラポール	127
リフレクティング・プロセス	25
リフレーミング	32, 33, 83, 84
リワーク	51, 109-111
例外探し	25, 34, 86, 89
レヴュー	45, 49
連携	12, 51, 58, 60, 67-69, 71, 73, 89
	96, 98, 111, 119-123, 125-127

著者紹介

上手 幸治	（かみて・こうじ）	あまのクリニック
北島 歩美	（きたじま・あゆみ）	日本女子大学 カウンセリングセンター 専任研究員
坂中 正義	（さかなか・まさよし）	南山大学 人文学部 教授
坂本 憲治	（さかもと・けんじ）	福岡大学 人文学部 専任講師
髙橋 紀子	（たかはし・のりこ）	福島大学 子どものメンタルヘルス支援事業推進室 特任准教授
高松 里	（たかまつ・さとし）	九州大学 留学生センター 准教授
髙松 真理	（たかまつ・まり）	久留米大学ほか
布柴 靖枝	（ぬのしば・やすえ）	文教大学 人間科学部 教授
板東 充彦	（ばんどう・みちひこ）	跡見学園女子大学 心理学部 准教授
藤 信子	（ふじ・のぶこ）	立命館大学大学院 人間科学研究科 教授
前場 康介	（まえば・こうすけ）	跡見学園女子大学 心理学部 専任講師 ／（医社）こころとからだの元氣プラザ 産業保健部
三谷 聖也	（みたに・せいや）	東北福祉大学 総合福祉学部 教授
向笠 章子	（むかさ・あきこ）	広島国際大学大学院 心理科学研究科 教授
村尾 泰弘	（むらお・やすひろ）	立正大学 社会福祉学部 教授

監修者紹介

野島 一彦 (のじま・かずひこ)

熊本県生まれ。1970年、九州大学教育学部卒業。

1975年、九州大学大学院教育学研究科博士課程単位取得後退学。博士(教育心理学)。

福岡大学教授、九州大学大学院教授を経て、2012年から跡見学園女子大学文学部教授。

現在、跡見学園女子大学心理学部教授、九州大学名誉教授。

著書・監修書に『エンカウンター・グループのファシリテーション』〔ナカニシヤ出版, 2000年〕、『グループ臨床家を育てる』〔創元社, 2011年〕、『心理臨床のフロンティア』〔同, 2012年〕、『人間性心理学ハンドブック』〔同, 2012年〕、『ロジャーズの中核三条件 共感的理解』〔同, 2015年〕、『公認心理師 分野別テキスト』全5巻〔同, 2019年〕ほか多数。

岡村 達也 (おかむら・たつや)

新潟県生まれ。1978年、東京大学文学部卒業。

1985年、東京大学大学院教育学研究科第1種博士課程中退。

東京都立大学助手、専修大学講師・助教授を経て、1998年から文教大学人間科学部助教授。

現在、文教大学人間科学部教授。

著書・共著書に『カウンセリングの条件——クライアント中心療法の立場から』〔日本評論社, 2007年〕、『カウンセリングのエチュード——反射・共感・構成主義』〔遠見書房, 2010年〕、『傾聴の心理学——PCAをまなぶ:カウンセリング／フォーカシング／エンカウンター・グループ』〔創元社, 2017年〕ほか多数。

編著者紹介

布柴 靖枝 (ぬのしば・やすえ)

福岡県生まれ。レスリー大学大学院 (USA) 修了。

京都大学大学院教育学研究科博士後期課程修了。博士(教育学)。

東北工業大学准教授を経て、2011年から文教大学。

現在、文教大学人間科学部臨床心理学科教授。

著書に『家族心理学——家族システムの発達と臨床的援助』共著〔有斐閣ブックス, 2008年〕、『社会・集団・家族心理学(公認心理師の基礎と実践 第11巻)』分担執筆〔遠見書房, 2018年〕など。

板東 充彦 (ばんどう・みちひこ)

神奈川県生まれ。1997年、北海道大学法学部卒業。

九州大学大学院人間環境学府人間共生システム専攻心理臨床学コース博士後期課程単位取得退学。博士(心理学)学位取得・九州大学。

2018年から跡見学園女子大学心理学部准教授。

著書に『サポート・グループの実践と展開』分担執筆〔金剛出版, 2009年〕、『公認心理師の職責(公認心理師の基礎と実践 第1巻)』分担執筆〔遠見書房, 2018年〕など。

公認心理師 実践ガイダンス
3 家族関係・集団・地域社会

2019年6月25日　初版第1刷発行

監修者
野島一彦・岡村達也
編著者
布柴靖枝・板東充彦

発行者
津田敏之
発行所
株式会社 木立の文庫
〒600-8449
京都市下京区新町通松原下ル富永町107-1
telephone 075-585-5277
faximile 075-320-3664
https://kodachino.co.jp/

編集協力
小林晃子

デザイン
尾崎閑也（鷺草デザイン事務所）
本文組版
大田高充
印刷製本
亜細亜印刷株式会社

ISBN 978-4-909862-04-4　C3311
© Kazuhiko NOJIMA, Tatsuya OKAMURA 2019
Printed in Japan